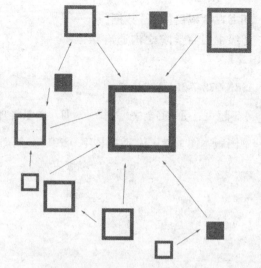

超级中层商学院之
沟通有结果

让沟通立竿见影的锦囊

金丽　李天田 ◎ 著

北京大学出版社
PEKING UNIVERSITY PRESS

图书在版编目(CIP)数据

超级中层商学院之沟通有结果/金丽，李天田著. —北京：北京大学出版社，2012.1

ISBN 978-7-301-19741-7

Ⅰ.超… Ⅱ.①金… ②李… Ⅲ.企业管理—人际关系学 Ⅳ.F272.9

中国版本图书馆 CIP 数据核字（2011）第 234268 号

书　　　　名：	超级中层商学院之沟通有结果
著作责任者：	金　丽　李天田　著
责 任 编 辑：	梅秋慧
标 准 书 号：	ISBN 978-7-301-19741-7/F·2955
出 版 发 行：	北京大学出版社
地　　　　址：	北京市海淀区成府路 205 号　100871
网　　　　址：	http://www.pup.cn
电　　　　话：	邮购部 62752015　发行部 62750672
	编辑部 82893506　出版部 62754962
电 子 邮 箱：	tbcbooks@vip.163.com
印　刷　者：	北京市密东印刷有限公司
经　销　者：	新华书店
	787 毫米×1092 毫米　16 开本　11.75 印张　162 千字
	2012 年 1 月第 1 版第 1 次印刷
定　　　　价：	32.00 元

未经许可，不得以任何方式复制或抄袭本书之部分或全部内容。
版权所有，侵权必究
举报电话：010-62752024　电子邮箱：fd@pup.pku.edu.cn

目 录/CONTENTS

总序 从"我知"到"我会"——中层核心竞争力 /IX

前言 管理就是沟通的串联 /XVII

第一章 扫除沟通的认知障碍

- 你一张口说话，别人是不是就想躲着你呢？
- 下属接受任务时没有提出任何问题，这是一种好现象吗？
- 面对不便用语言表述或他人难以理解的情况，你会怎么办？

第一节 好沟通≠本能 /3

第二节 能讲话≠会沟通 /7

第三节 无发问≠全理解 /11

第四节 无异议≠有共识 /14

第五节 我说了≠已沟通 /18

第六节 强势≠赢家 /22

第七节 下级≠主动 /25

第二章 扫除沟通的心态障碍

- 在触碰到自己的利益、挑战到自己的权威时,你会进行换位思考吗?
- 把对方批得体无完肤,使其无地自容,你真的赢了吗?
- 面对下属的过错,你是不是动不动就发脾气呢?

第一节 与人沟通要真诚 /33

　　一、真诚是成功沟通的必备条件 /34

　　二、对待员工要真诚 /36

　　三、用真诚化解危机 /37

第二节 与人沟通要自信 /38

　　一、释放压力、相信自己、喜欢自己 /38

　　二、做好充分的准备和练习 /39

　　三、善于复盘 /39

　　四、强迫自己扩大交往范围 /40

　　五、强化肢体语言 /40

第三节 学会换位思考 /41

　　一、达成共识 /41

　　二、体谅对方 /43

　　三、表达自我 /44

第四节 怀有一颗包容心 /46

　　一、对待下属要宽容 /46

　　二、正确面对差异 /47

　　三、心胸要宽广 /48

第五节 树立双赢心态 /49

第三章　扫除沟通的思维障碍

- 你是不是会本能地把提出异议的人归为你的对立方？
- 对于你的观点，对方是欣然同意还是迅速转为对抗状态？
- 下属提供的信息，是客观事实，还是曲意逢迎？

第一节　克服对抗性思维定式　/57

　　一、认清对抗性思维定式的危害　/57
　　二、转换思维，克服对抗性思维定式　/60

第二节　克服局限性思维定式　/61

　　一、认清局限性思维定式的危害　/61
　　二、采用平行思维，克服局限性思维定式　/63

第四章　扫除沟通的技巧障碍

- 召开重大会议前，你有没有预设气场？
- 提请决策时，你意识到要和领导保持信息对称了吗？
- 怎样才能让对方听得津津有味，而不是味同嚼蜡？

第一节　预设气场　/69

　　一、预设气场，实现沟通目的　/69
　　二、视情况预设气场　/70

第二节　统一频道　/77

　　一、保证信息对称　/77
　　二、明了对方的态度　/79

三、创造沟通界面 /81

第三节　恰当表达 /84

一、简明扼要 /84

二、说别人易于接受的话 /86

三、提升说话的质感 /92

第四节　望闻问切 /97

一、望的艺术 /97

二、闻的艺术 /100

三、问的艺术 /102

四、切的艺术 /105

第五节　有效反馈 /107

第五章　中层如何对上扛得住

- 汇报工作时，你经常给领导出问答题还是选择题？
- 面对有异议的任务，你是违心接受还是巧妙说服上级？
- 被无端责骂，你是顺从领导的批评还是找机会跟他沟通？

第一节　对上沟通需要的态度 /111

一、要积极主动 /111

二、要敢讲真话 /112

三、要了解你的上司 /113

四、要能受得了委屈 /114

第二节　对上沟通情景之如何汇报工作 /115

一、要有清晰的汇报结构 /116

二、用选择题代替问答题 /116

三、善于抓住汇报机会 /117

四、汇报请示掌握"度" /118

第三节 对上沟通情景之如何接受工作 /118

一、了解上级的真实需求 /119

二、不找借口，不提条件 /120

三、巧妙说服上级，创造性完成任务 /120

第四节 对上沟通情景之如何接受批评 /121

第六章 中层如何对下罩得住

- 给下属布置工作，你做到"三明确"了吗？
- 绩效面谈，如何才能降低下属的负面情绪？
- 表扬下属，你遇到过尴尬的局面吗？

第一节 对下沟通情景之如何布置工作 /127

一、明确负责人 /129

二、明确验收标准和要求 /130

三、明确完成的时间和进度 /130

四、及时了解下属的困难和需求 /130

第二节 对下沟通情景之如何进行绩效面谈 /131

一、绩效面谈要一对一进行沟通 /132

二、双方都需要做好准备 /133

三、一定要了解你的下属 /133

四、既要谈过去，还要谈现在和将来 /134

五、双方要有效互动 /135

第三节　对下沟通情景之如何表扬下属　/135

　　一、表扬要出自真心　/136
　　二、表扬要有落脚点　/137
　　三、表扬要及时　/137
　　四、学会背后说好话　/138

第四节　对下沟通情景之如何批评下属　/138

　　一、要批评也要肯定　/139
　　二、注意批评的场合　/140
　　三、要控制好情绪　/141
　　四、批评要有落脚点　/141

第七章　中层如何对中拢得住

- 你有没有主动为平级同事提供过有用的信息？
- 在你需要平级同事的支持时，他们是热心相助还是冷漠拒绝？
- 和平级同事有了矛盾，你是主动和解还是搞得领导皆知？

第一节　平级沟通需要的态度　/145

　　一、要坦荡，不要猜忌　/145
　　二、要尊重，不要伪善　/146
　　三、要主动，不要逃避　/147

第二节　平级沟通情景之如何寻求支持　/148

　　一、不要总把鸡毛当令箭　/149
　　二、不要总觉得别人欠你的　/149
　　三、不要"人到用时方恨少"　/150

四、欲先取之，必先予之　/150

　　五、适当分些功劳给对方　/151

第三节　平级沟通情景之如何化解冲突　/152

　　一、化解冲突要及时　/153

　　二、面对面交流更有效　/154

　　三、尽量不要把官司打到领导面前　/154

　　四、谨记"一个巴掌拍不响"　/155

　　五、敢于承认错误　/155

"超级中层商学院"系列培训精彩观点分享　/156

致谢　/162

总序

从"我知"到"我会"——中层核心竞争力

我们请过数百名本土企业家分别填写一份"当前最苦恼的事"清单,最终排名前三位的是:

1. 不知如何寻找公司未来的新增长点。
2. 面对新的发展机遇,缺乏合适的实施团队。
3. 内部现有管理层的执行力不足。

看,企业家的三大烦恼中,就有两项与中层团队有关。

而在针对企业决策层人士的面对面访谈中,我们都会问同一个问题:"你认为在你的中层干部中,完全胜任、需要在岗培养和完全不胜任的比例是怎样的?"迄今为止,已经有四五百名企业高层回答过这个问题,总体上看,认为自己目前的中层管理者完全胜任的不超过总体数量的20%,而有超过一半的企业高层认为自己至少有50%的精力被分散在帮助下属处理那些本该由部门中层管理者解决的事情上。

我不知道对于大多数中层管理者来说,当你得知高管们的这个评价时,心里会作何感想。但是从积极正面的角度来看,正因为这个"悲观"的评价结果,才催生了今天你所看到的这套"超级中层商学院"丛书。正所谓"工欲善其事,必先利其器",这套丛书就是为中层管理者提供的一套"利器",致力于通过帮助中层管理者的提升改善,来消除企业家们天天面对的"当前最苦恼的事"。

当你在阅读和学习这套丛书之前,首先需要了解的是以下几个特点:

第一,系统化。这套丛书的每一位作者都是在该领域长期从事咨询和培训实践的资深咨询顾问,每人每月至少会有20天全天候在各类企业现场工作。因此,我们了解企业家,更了解企业在中层培养和发展方面的实际状态。**对我们来说,"中层"不是一个符号,而是我们每天都接触的实实在在的朋友与客户,亲切、熟悉、鲜活;中层的管理任务也不是一种孤立的存在,而是与企业整体业务布局和管理秩序密切相关的动态事务。**

第二,情境化。这套书在写作过程中非常强调问题导向,大部分结论和方法都来自对某一类具体常见问题的分析与观察,并且把这些问题放到中层每天接触面对的典型情境中加以解决。**根据我们的统计对比,基本上已经覆盖了中层管理者九成以上的管理情境,并直接给出方法和分析,你可以在阅读过程中对照自身的经历与经验。**当然,即便如此,也不可能穷尽所有的情境,我们非常欢迎大家能够在阅读后把你的个人经验反馈给我们共享,共同来研究解决问题的办法。

第三,工具化。这套书的价值在于工具和方法的集萃。我们不希望再空谈理念,而是强调行为的改变。事实上中层对于公司有天然的依存性,也具备很强的成长愿望,所谓的不如意、不满意往往都是能力和方法的缺失造成的。只要掌握了标准的行为菜单,并且一以贯之地去实践,大部分人都能够体现自己的胜任力。我们不卖弄知识,而是希望给所有的中层提供"干货"和"绝活",让大家看得懂、学得会、用得上。书中提供的所有工具方法也均在过去三年中通过在数十家企业的实际验证,证明是有效的。

在长达十几年的企业管理咨询工作中，我们不断"零距离"地观察企业的发展与变革，并且为这些行动制订各种方案和计划。最终，我们发现无论企业的规模、行业、历史、体制如何，影响企业每一个动作能否高质量完成的核心因素就是人；所有的战略变革、资源整合、管理优化等宏大设想，其载体也是人。而在所有的企业人中，有一个特殊的现象：一方面，中层管理者这个群体在企业中占据了承上启下、上传下达的枢纽位置；另一方面，因为中层工作角色的相对封闭和内部化，没有光环效应，所以实际上大家对于中层具体的行为与动作的关注度是严重不足的。更有甚者，人们会过于强调给中层状态的发挥扣上"价值观"、"理念"等大帽子，而对真正的中层问题严重"失焦"。

大部分时候，企业在应对机遇或者挑战时，都可以用"高层发心，中层发力"8个字来概括企业不同层级管理团队的配合机理，而高管们目前所感受到的实际情况则往往是心有余而力不足。所以，中层往往变成了上下不通的"隔热层"，有一位企业家甚至这样形容自己的公司——中部塌陷。

长期的管理咨询工作帮助我们更好地看清了导致"中部塌陷"的主客观原因：

从客观上来讲，目前所有的中国本土企业都面临着共同的管理环境：一是企业在市场中运行的历史较短，根基不深，大部分企业在真正的竞争环境中只经历过一两代管理者的更替，企业本身没有沉淀出行之有效的针对中层管理者的培育和训练经验；二是企业近十年来成长速度之快超出高层预料，企业规模、业务、机构的膨胀远远超出了正常的人才学习成长速度，新的岗位不断被创造出来，因此导致普遍存在对中层梯队"拔苗助长"的现象。

从主观上来看，中层管理者们往往乐见"拔苗助长"之利，而抗拒或者回避其害。首先，能够升任中层职位的人，一般是在基层管理者或者员工岗位上工作非常出色的骨干，因此他们一定在之前的岗位上具备相当优秀的专业能力和工作表现。而他们自己也容易满足或者陶醉于这一点，并不会主动研究和分析职位升迁所带来的工作性质和能力要求的变化。同时，他们以往的工作经历也基本上不会培养这些方面的能力。

但是，事实上，从骨干员工到中层管理，即便同处一室，其工作方式和内容也发生了巨大转变。他们一旦就任新岗位，立即会发现自己面对一系列全新的挑战：怎么承接整个公司战略对部门的要求？怎么培养下属、带领队伍？怎么使自己和老板之间无障碍地沟通？怎么树立自己的领导权威？怎么和其他同级部门协同配合？怎么组织各方面人马把一个好的计划在既定时间和条件下实施落地？等等。这些都是无法在员工手册和企业文化读本中找到答案的新问题。

这时候，"中部塌陷"的危机就悄然浮现：一方面是箭在弦上片刻耽误不得的具体任务；一方面是隔靴搔痒、大而化之的理念、概念、观念类的培训。中层们只好凭借自己的管理直觉和个人既往经验来着手解决问题。这就产生了由于缺乏岗位自信所导致的霸道对抗现象和由于缺乏管理工具所导致的低效低迷现象，无论哪种倾向，最后都是部门工作不力、整体效能受损、员工士气低落。

"中部塌陷"已经成为企业高层、中层和基层共同的烦恼和问题，也成为制约企业持续发展的明显短板。由于每天都听到企业人针对这一短板的抱怨和询问，从2009年开始，我们下定决心着手探寻"中部塌陷"的解决之道。幸运的是，十几年来的管理咨询经验为我们打造了对企业的系统思考能力，并积累了大量的实际管理案例。这使得我们的研究从一开始就有别于传统的方式：一是避免就事论事，从企业整体角度出发来切入具体问题；二是避免坐而论道，从非常具体真实的情境着手来细分管理工具；三是避免隔靴搔痒，始终保持和中层群体的密切互动和交流。

在这里必须感谢我们多年来的忠诚客户们，他们对于这一课题给予了高度的支持。从2010年到2011年的两年间，他们除了为此贡献了大量的案例和经验，最有力的支持就是开放自己的企业，让我们以这套"超级中层商学院"方法论在企业内部开设培训课程，在与数十家公司、上千名中层管理者的面对面互动中不断发现新问题、持续打磨这套方法，并且获得最直接的学习反馈。

今天所呈现在你面前的这套"超级中层商学院"丛书就是经过上述过程的试练，第一次系统总结整理而成的。通过对跨行业、跨专业的中层管理者的管理动作研究，我们发现，其共性的管理任务主要来自四个方面：

首先，就管理对象而言，中层一要管人，二要管事；其次，就工作周期来说，一类是较长周期的工作，一类是短期循环的工作。因此，以这两项条件建立一个基本的中层工作类别的矩阵：

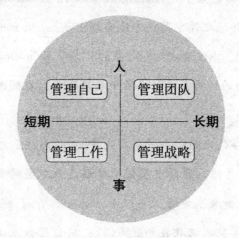

从这个矩阵，我们可以发掘出四大类关键的管理动作和相应的管理能力：

短期——管人：管理自己的能力

长期——管人：管理团队的能力

短期——管事：管理工作的能力

长期——管事：管理战略的能力

具体到这套丛书中，我们认为，管理自己的能力首先体现在自己的角色力，也就是在不同情境下恰到好处地找准自己的定位与行为方式，其内核是中层的心态修炼。管理团队的能力主要包括带队伍和做协同，前者是针对自己管辖权限内的下属团队如何进行选用与留评，后者是指如何与平行的甚至是外部的力量协作。管理工作的能力是指对日常、即时任务的处理能力，主要体现在是否能够掌握有效沟通和先进高效的工作方法两大领域。对于中层，管理战略的能力着重在落地和执行：怎样根据企业长期发展战略制订年、季、月度的计划？怎样在执行中不断修订计划，最后良好执行？如何让部门的运作有序？如何保证公司的战略、规划在自己所负责的范围内有效落地？

因此，我们将上述8个方面的能力训练分别呈现在8本书中：

《超级中层商学院之像中层，才能当好中层》：细分中层在实际工作中的各种场合与情境，抓住形成第一印象的"前7秒"，开具详细的"外形"与"表现"相结合的行为菜单，提高中层角色力，在任何场合都做到进退得体、应对自如。

《超级中层商学院之好心态带来高能量》：心态就是力量。通过导入10种调整心态模式的方法，帮助中层提高抗压能力，实时自我调整，用建设性的正面思维激发个人能量场。

《超级中层商学院之收放自如带队伍》：从自己独立工作到带领团队工作，是从骨干到中层之间最直接的区别。带队伍不能依仗个人魅力，而是要针对自身工作小环境，灵活运用相应的工具方法。

《超级中层商学院之跨部门协同无障碍》：在实际工作中，无论是企业决策者还是每一位中层，或多或少都为跨部门协同不畅而感到苦恼。只有中层自身不再戴着有色眼镜对待协同任务，而是用合适的管理工具来推进和管理与他人的协同工作，开放、高效、无障碍的跨部门协同才可能实现。

《超级中层商学院之做事有章法》：打开高效精确工作的"黑匣子"，提供最直接、细化的工作方法来应对日常接收的每一个管理任务，使中层在多任务运行状态下仍然能够做到有条不紊、秩序井然、目标清晰、方法给力。

《超级中层商学院之沟通有结果》：中层管理者所属的专业、行业千差万别，但是主要工作方式却极其相似——基本都是以沟通作为载体，通过有效沟通来推进管理活动。只有对各种沟通方式有清晰的认识，并且对不同任务中的沟通技巧进行灵活掌握，才能做到以结果为导向的有效沟通。

《超级中层商学院之七步务实做规划》：让"规划"走下神坛，深入到中层的管理意识中，成为每一个部门、每一个团队的基本动作，促进中层对部门工作的长期思考和系统思考。通过最简捷的7个步骤，帮助中层充分理解公司级大战略的思想，并且将其分解到自身部门的工作规划和日常任务中去，以此形成部门对公司的承接、中层对高层的承接。

《超级中层商学院之落地才是硬道理》：面对未来，其实大部分公司的看法和想法都极其相似，但是几年之后不同公司的状态却往往是天壤之差。因此，只有将想法、规划、目标全部——落地，变成真实的做法和业绩，并在这一过程中不断应变、不断调整，企业才有可能长治久安、走向卓越。

在以上述8本书为基础的培训活动中，我们将"自我管理、团队协同、跟踪测评、全程PK"的方法引入每一家企业。不同于我们所见到的大部分较为单纯的中层培训——讲师到场上课，一两天之后课程结束——**我们认为，要为企业切实解决中层问题，需要更长的时间、更多的调研、**

更深入细致、实事求是的问题推演,除了在书中能够看到的案例和情境,培训师还会与学习者共同寻找本企业、小环境中真实发生的案例与正在面临的问题,通过辅导、演练上述管理工具,以团队为单位来制定解决方案,从而让每一位中层学习者对自身相关的角色、责任、协作等产生实际的体验,在离开培训室时掌握真实的技能。另外,每一个专题培训中都会安排专门的测评,针对与此专题相关的能力、意识、行为风格等方面进行跟踪,并且将测评分析的结论与学员分享、复盘,帮助每一位学习者更好地认识自己、理解他人。

在培训后,中层管理者的反馈集中在以下几个方面:通过了解整体课程的思路,使自己能够跳出本部门"山头主义"的局限性,认识到管理是一个系统的工作。在每一门具体的课程中,学到了具体的工作方法和技能,而通过对这些方法的演练又真正领会到其蕴含的理念与思想。学习的最高境界在于把学到的东西灵活运用到自己的工作中,如果不用,知识和方法只可能永远停留在"我听过"、"我知道"的层面,不会对提高自己的管理能力起到任何帮助。在长达五六个月的学习过程中,深切体会到团队的价值高于个人价值。

而决策、参与此项目的企业家们在对比观察下属们的工作表现后则认为,"超级中层商学院"是一个帮助快速成长中的企业"消除隔热层、提高执行力"的务实办法。

"超级中层商学院"丛书的出版是我们多年咨询经验和三年来的培训经验的总结和升华,我们对于中层管理者成功经验和行为模式的研究会以此为新的起点,持续推向深入。希望通过我们的努力,能够帮助每一家企业和每一位中层,避免"中部塌陷",让中层成为真正的"中流砥柱",让中层团队成为企业日常管理最强悍的"超级发动机"。

前言 管理就是沟通的串联

中层管理者每天都在干什么？

如果你是一位企业的中层管理者，在阅读此书之前，请快速回忆一下你昨天的主要工作有哪些？

你是否打了若干个电话呢？现在的管理者工作绝对离不开电话，不管是会议通知、协调问题，还是布置工作、核对信息、请示汇报，都离不开电话这个沟通工具。所以管理者每天都在通过电话与周边的工作联络点进行沟通。

你是否收发了若干封电子邮件呢？很多管理者上班后的第一件事就是打开电脑收邮件、回邮件、删邮件。许多非紧急的事情，大都可以通过邮件或者信件的方式进行沟通协调，传递信息、表达观点、寻求共识。在网络时代，作为一名管理人员，每天处理几十封邮件已经是司空见惯的事情了。

你是否召集或参加了若干会议呢？所谓会议，就是指集合3人以上参与的沟通类活动，可以是研讨，可以是宣贯，也可以是决策；既包括面对面地开会，也包括不同空间内的电话会议、网络视频会议等。

你是否与下级进行了绩效面谈呢？你是否给上级汇报了

工作呢？你是否与其他部门的负责人进行了交流与协调呢？你是否拜访了重要客户呢？你是否接受了相关媒体的采访呢？

沟通的方式多种多样。除了以上这些之外，网络即时通讯、便笺留言也是管理者常用的沟通方式。

不管是何种方式的沟通，中层管理者大部分的时间都用在了沟通上。某跨国企业的中层管理者曾戏称自己每天的主要工作就是3件事：开会、处理邮件、接打电话。

松下电器公司的创始人松下幸之助曾经说过："企业管理过去是沟通，现在是沟通，未来还是沟通。"

国外的研究机构也曾经做过这方面的调查，结果显示管理者70%的时间是用在与他人沟通上。

经典管理理论学派认为，管理包含计划、组织、人事、指挥、协调、报告、预算7个方面。在这7个方面中，无论是制订计划、组织工作、管理人事，还是部门间的协调、报告的撰写与达成共识、预算的审批与决策，都离不开沟通。

总之，企业的沟通渗透于管理的各个过程和层面。从横向来讲，沟通存在于管理活动的全过程；从纵向来讲，沟通存在于管理活动的各个层面。

中层管理者每天都在愁什么？

作为企业的中层管理者，你是否也有过以下困惑、压力或者烦心事呢？

为什么中层管理者及一线员工总是不能完全理解企业的决策和高层的意图？为什么员工与高层的认识总有这样或那样的偏差？

为什么公司的企业文化和核心理念不能落地成为全体员工共守的价值观念？为什么公司的规章制度和上级的工作指令不能有效传达？

为什么公司并不大，一线员工的声音、市场的信息和客户的意见却很难及时、准确、全面地反馈给企业高层呢？

为什么一旦遇到问题，部门本位主义和相互推诿、扯皮现象屡屡出现？

为什么明明有正式的会议沟通渠道和信息平台，可公司内部的很多信息都是通过非正式沟通渠道进行传播，导致小道消息满天飞呢？

总而言之，为什么团队内部的沟通成本如此之高？为什么管理者天天都在沟通，但总是"沟"而"不通"，导致管理者很痛苦？归根结底，全是沟通不畅惹的祸，正所谓"不通则痛"。

中医典籍《黄帝内经》把人的五脏六腑比做国家的各个官职：把心比做君王；把肺比做宰相；把脾胃比做仓廪之官，类似于现在的农业部部长；把三焦比做决渎之官，类似于今天的水利部部长……人的五脏六腑就像一个国家，是一个有机的整体，只有各司其职、互相配合，天下才能太平。反之，如果各个官职无法互通有无，江山社稷就会面临很大的危机。

中医将人体看做以心为统帅、五脏六腑为核心，通过经络外连骨、肉、筋、脉、皮的有机整体，并将气的运动变化作为经络、脏腑的基础。这与企业以组织决策为统帅，通过流程有机连接各个职能，通过沟通协作连接各种生产要素，是同一个道理。无论是人体还是企业，要想健康，必须是开放的、有机的、全息的。

《黄帝内经》又言"通决死生"，即气血、经脉是否畅通决定人的生与死。那么，对于企业而言，信息流是否畅通是不是也决定了企业这个有机生命体的生与死呢？

越来越多的成功案例被大家学习、借鉴、顶礼膜拜。也有许多盛极一时的企业在其"花样年华"的时候相继陨落，它们的暗淡隐去也引来了众多的围观者。因为几乎所有商业上的兴衰都如出一辙，大家都不想再栽与他人相同的跟头。

从这些失败的案例来看，本质上不外乎是战略选择或战略执行的失误；而从其过程或表现来看，则都是出现了严重的沟通不畅的问题。

沟通不畅，创业团队从同心协力到同床异梦、同室操戈，最终同归于尽；

沟通不畅，高层无法有效获取真实、全面的信息，导致决策风险加大；

沟通不畅，管理者不能及时了解下属的想法，不能对其进行有效的激励，导致士气低落；

沟通不畅，下属就不能正确执行上司的指令，导致执行力低下，纠错成本高；

沟通不畅，企业就不能把握客户的深层需求，无法提供受欢迎的产品或服务，导致客户流失、市场萎缩、经营业绩低下；

沟通不畅，企业无法获得利益相关方如媒体、监管部门的支持，无法营造良好的企业生态圈，当面临危机时，往往陷入孤立无援的困境。

可见，沟通是组织系统的生命线，是流经组织的血脉，贯穿全身每一个部位、每一个环节。只有沟通顺畅，才能实现良性循环。

沟通是为实现共同的战略目标而形成"共同体"最为重要的途径。任何缺乏沟通的组织都不可能达成3个统一：统一目标、统一认识、统一行动。一个同床异梦的组织肯定是没有战斗力的组织，最终必将分崩离析。

可以说，没有沟通，企业就无从生存和发展。

的确是这样。当我们询问企业的中高层目前面临的主要压力和问题时，得到的答案往往不是技术不精良、人才不够多、资金不到位、市场不够好,而是企业沟通不顺畅、上下无共识、左右不配合、新旧不融合。

当企业内部沟通遭遇隔热层时,管理者之间相互猜疑,部门之间互不买账,管理层与执行层相互指责。此时的组织将呈现"三低一高"的特点,即:运营效率低下、市场业绩低迷、团队士气低落、员工离职率居高不下!

作为中层管理者,其身份是多元的,在组织沟通中起着上传下达的关键作用,正可谓身兼数职。从在企业组织中所处的位置来看,中层管理者处于承上启下的枢纽位置:对于企业的高管来说,中层管理者是下级;对于自己部门的员工来说,中层管理者是直属领导,是上级。作为中层管理者,在企业内又需要与其他部门的管理者进行平级间的沟通。因此,中层管理者沟通意识、沟通水平的高低就成为关乎企业经营业绩好坏的一个关键因素。通过建立良好的沟通机制、营造健康的沟通氛围提升中层管理者的沟通能力,对提高管理绩效、促进企业发展至关重要。

由此可见,良好的沟通能力是中层管理者获取事业成功必备的基本功。

美国著名的克莱恩咨询公司曾公布了一份调查报告,在调查世界500强成名企业家的过程中,他们发现:有超过80%的人认为自己之所以成功,是因为沟通与人际交往能力超人一筹;他们善于沟通,善于协调,善于说服,善于把自己的一些理念、思维传达给他人,从而能够获得外界的帮助。

同样,不同的中层管理者把时间和精力分配在不同的工作上,进而导致了他们自身职业发展的不同。优秀的中层管理者,会把大量的时间花在组织内部、外部的沟通方面。他们更加关注与员工进行内部沟通,关注与上级、平级,以及组织外部各种社会关系的交往,最终的结果就是自身的职业生涯发展更快,得到更多晋升的机会。可见,不同的选择、不同的行为，会导致不同的结果。

职场是人生的重要舞台，你的表演是否精彩、人生是否成功，很大程度上取决于沟通能力的高低。

因此，管理就是沟通的串联，没有沟通就没有管理。而作为中层管理者，要成功，先沟通。

说了这么多，相信你已经意识到了沟通的重要性，但在日常的管理中往往会存在很多沟通的误区，导致你的沟通效果不尽如人意。所以本书将从沟通的认知误区入手，然后谈及沟通的前提和基础，即心态和思维的问题。因为当中层管理者的沟通出现这样或那样的问题时，细想一下，问题往往出在心态和思维方面。在沟通技巧方面，本书更多谈及的是中层管理者在日常管理中容易忽略的环节。在困扰中层管理者对上、对下、对平级的沟通问题上，本书以情景案例的方式与你共同剖析中层管理者在这方面的成败得失，并列出了实现对上扛得住、对下罩得住、对中拢得住的行为菜单。

希望本书能够提升你的沟通能力，成就你精彩的职业生涯。

第一章
扫除沟通的认知障碍

- 你一张口说话,别人是不是就想躲着你呢?
- 下属接受任务时没有提出任何问题,这是一种好现象吗?
- 面对不便用语言表述或他人难以理解的情况,你会怎么办?

当今的许多企业中，中层管理者良好的沟通能力已经成为激发组织智慧和活力的关键因素，甚至关系到企业未来的发展。然而，并不是所有的中层管理者都能够做到有效沟通，在与上级、下级和平级的沟通中游刃有余，他们有时会陷入种种沟通的误区中。怎样破解这些沟通迷局，实现有效沟通呢？

第一节
好沟通≠本能

美国普林斯顿大学对 1 万份人事档案进行的分析显示：智慧、专业技术和经验只占成功因素的 25%，其余 75% 取决于良好的人际沟通。

然而，我们在生活中经常能听到这样的说法："某人太擅长沟通了，这可是天生的，我再怎么学也不行，因为我天生就不擅长讲话，不擅长与人打交道。"

会沟通真的是与生俱来的吗？答案显然是否定的，否则我们就大可不必在此谈论沟通方法、沟通技巧的问题了。沟通是一种能力，是需要通过有意识、有针对性的训练进行提升的。

尤其是中国人较为含蓄、内敛的性格及相对保守、传统的教育方式，使很多人从小就树立了"沉默是金"的处世原则。所以，中层管理者更应通过后天的学习和锻炼使沟通能力得以调动和提升。

面对激烈的竞争，每个中层管理者最大的希望就是获得上级的赏识、平级的认可、下属的信任。建立良好的人际关系、努力提升沟通艺术，并对人际关系进行良好的经营，已经成为事业成功的重要保证。

因此，对于那些认为"好沟通＝本能"，认为自己天生不善沟通的中层管理者，我们的建议是：自我剖析、自我突破、逐步改善。

很多人在面对陌生人或在众人面前讲话时都有一种恐惧感。比如心跳加速、大脑缺氧、手脚冰冷、面如土色。为了避免这种尴尬，他们一般是能躲就躲。殊不知由于这种逃避的心态，自己丧失了多少机会。对号入座，如果你也有这种情况，希望你能做如下尝试：

第一，列出你日常沟通的情境和对象。

这一步的操作非常简单。首先请安静地想一想，在日常生活和工作中，你都经常和哪些人沟通、在哪里沟通、通过什么方式沟通、沟通的频率如何。比如家人、朋友、同事、邻居、客户、媒体、陌生人等；再比如家庭、公司、谈判现场、朋友聚会等各种与人打交道的情境。这样做的目的是认清自己在沟通方面辐射的半径有多大、对象有多广，从而客观地审视自己在这方面是如鱼得水，还是捉襟见肘。

第二，对照下列问题清单自我提问。

① 我是经常主动与人沟通还是经常处于被动沟通的状态？

② 我在哪种情况下与人沟通会感觉比较舒服、自然？

③ 我在哪些情况下与人打交道会有较大的心理压力或心理障碍？

④ 平时我最喜欢和谁主动沟通？最不喜欢和谁主动沟通？

⑤ 别人是否愿意和我保持愉快的沟通？

⑥ 在沟通中，我是否能够清晰表达出自己的想法或意愿？

⑦ 哪次沟通经历让我感觉很失望？原因是什么？

⑧ 哪次沟通经历让我感觉很成功？原因是什么？

……

真实地回答上述问题，可以帮助你了解自己在沟通方面的症结和心结所在，而这些症结和心结正是你要通过练习予以突破的。

第三，主动沟通，提升勇气。

经过前两个步骤的演练，你可能已经发现自己在沟通方面存在的不足，比如沟通对象过于固定和狭窄，面对陌生人或多数人的情况下心理压力过大，等等。这些问题的根本就在于你的沟通缺乏主动性，所有的沟通都是被迫进行的。

如果是这样，那么你需要做的就是树立信心、突破自我，逼迫自己主动与他人沟通。你可以每天对着镜子大声说话、演讲；每周在公共场所主动和陌生人进行沟通，如问路、问时间等。这些都有助于增强你主动讲话的勇气。

就像第83届奥斯卡获奖影片《国王的演讲》中讲述的，英国女王伊丽莎白二世的父亲乔治六世，从克服"口吃"到通过广播发表鼓舞人心的圣诞节演讲一样，树立信心、突破自我是第一步。在此基础上，你还需要掌握沟通的基本原则、核心技巧，把握关键时刻，成功推销自己。

作为中层管理者的你是否也正在或曾经为以下这些事情烦恼呢？

① 在一个有众多高层参加的会议上，老板点名要你发言，结果你的发言观点不突出、逻辑不清晰，老板很失望。

② 当你需要跨部门协调完成某项工作时，结果不是被一口回绝，就是石沉大海。

③ 当你把精心准备的工作方案或计划提报给上级时，有时得到的答复让人一头雾水："研究研究再说吧。"有时是残忍的拒绝："这是什么计划，没头没尾的，把事情的来龙去脉、缘由背景搞清楚再说！"

④ 当你信心满满地去交付任务时，上级惊诧、气愤地说："你怎么会这样思考问题？谁让你这么做的？"

⑤ 你将工作交给一个很信任的下属去做，嘱咐他一周后完成。其间，

你多次询问工作进度,均被告知"正在稳步推进"。然而,一周后的结果却让你很失望。

……

如果你的答案是"是",那说明你需要好好反省一下了。

自省

你是否在沟通前做好了充分的准备?你认为沟通前需要做哪些准备工作?

_____
_____
_____
_____
_____
_____

在日常的管理沟通中,中层管理者正是由于缺乏对沟通的"道、法、术"的掌握,即缺乏高效沟通的心态、思维和技巧,才常常出现这样或那样的错误,导致沟通效果不尽如人意,于是最后就给自己下了定论:我天生不擅长沟通。

宋丹丹曾经说过,"谁也不是一下生就跑步出来的"。沟通也一样,没有人天生就可以在所有人面前口若悬河。要想在与人沟通或者当众讲话的时候保持一份平静、放松的心态,除了战胜自己的心理障碍以外,还需要掌握相关的方法和技巧,并且不断地练习。

因此,如果你想在沟通中给对方留下一个非常美好的印象,如果你想成为一个在老板面前被客户夸耀的人,就请全力以赴克服沟通中的心理障碍、提升自我的沟通能力吧。

第二节
能讲话≠会沟通

会沟通是一种能力，需要你克服与人沟通的恐惧心理。那是否能说会道就意味着会沟通呢？为什么有的人口若悬河、滔滔不绝，不但达不到沟通的目的，反而让对方心生反感？这是因为他在沟通时没有明确的目标。

沟通不是侃大山、聊天打发时间。管理中的沟通都有一定的目的性，如传递信息、表达情感、激励下属、解决问题、交换观点、获得认同或理解、争取资源或支持等。沟通一定要有明确的目标，并且要让对方清楚地知道此次沟通的目标。如果大家坐在一起交流，但没有目标，那就不是沟通，而是闲聊。

中层管理者不是"闲人"，应该有意识地养成职业化的沟通习惯。

第一，开口之前要知道说什么，即明确沟通的目标。

总裁办公室通过邮件通知所有总监于周三下午2：00在公司会议室开会。1：50左右，大家陆续到达会议室。人力资源总监问财务总监："今天会议的核心内容是什么？"财务总监答道："我也不知道，让来开会就来呗，让发言就说说，不用发言就听听。"

会议通知未就会议目标、会议内容、发言人等做详细说明，试问这样的会议沟通能达到预期的目标吗？这样的情况你是否也经常遇到呢？

> **自省**

在发出信息前,你明确沟通的目标了吗?你要沟通的对象清楚此次沟通的目标吗?请列明你即将进行的沟通目标。

_____
_____
_____
_____
_____
_____

忠告:没有目标就不要沟通。

第二,要知道怎么说,即掌握沟通的态度。

如果你的心态、说话的立场或表达技巧有问题,就是有三寸不烂之舌也是不管用的。有时还会适得其反,被人盖上"巧言令色"、"花言巧语"的印章。

有的人讲话缺乏真诚,或者充满了傲气,给人一种高高在上、颐指气使的优越感。这样,你就算是说得天花乱坠,对方也很难接受,更别说认同了。

因此,处在中层位置上的你,在对待下属和同级时,一定要学会保持谦和的态度与人沟通。

在一个企业中,中层或大或小也是一个"官",可以管一些人和事,也就是说在一定范围可以"说了算"。有的中层就怕别人"不把村长当干部",认为"管理就是你不管就没人理你",因此整天摆出个"官"架子,总觉得高人一等，对待下属动不动就吹鼻子瞪眼，对待同级总是目中无人，就差脑门上贴上"我不服"三个字了，谁也不放在眼里。

自省

你跟下属和同级沟通时的态度如何？
_____
_____
_____
_____
_____
_____

忠告：在中层这个位置上，更应该客观地对人、对事，更应保持谦和的态度。须知一个人的力量是有限的，没有部门全体同仁的共同努力，没有跨部门的协调和辅助，就没有你的业绩。

第三，要知道应该说多少，即把握沟通的尺度。

有些中层讲话冗长拖沓、不分轻重，就像《大话西游》里的唐僧，能把小鬼说得都不想活了。他们喜欢自说自话，不考虑对方的感受，最后的结果就是只要他一张嘴，别人就跟戴了紧箍咒似的头痛。

这个世界不缺道理，关键是怎么能让对方领悟道理。教育者的最高境界是让被教育的人说出教育者想说的话。因此，我们在与人沟通时，要给予他人更多的空间去思考，去体会。

我们身边往往就有这样一种人，他们的共同特点就是特别能说，不管你说什么话题，他都能有头有尾、绘声绘色地接着讲下去。讲到兴奋的时候，根本不顾及对方的感受，只管口若悬河地往外喷唾沫星子。他们只顾滔滔不绝，好像把活生生的人看成了石头或木头。如果是为人父母，是否有过这样的境遇，你一张嘴孩子就捂耳朵，马上制止你不要再说了。如果是为人同事，是否有过这样的境遇，在同事的圈子里，起初人们津津有味地听，后来人们以传递你的谬误为乐，再后来人们干脆就像躲贼一样躲着你跑了。

自省

在沟通中，你说、问、听各占多大比例？

_____
_____
_____
_____
_____
_____
_____

沟通不是光你说痛快就能完成的事情，沟通必须包含三个行为，即说的行为、听的行为和问的行为。一个有效的沟通技巧就是由这三种行为组成的。

因此，能讲话不等于会沟通。作为中层管理者，一定要具备说话目的明确、讲话态度谦和、沟通留有余地的"职业范儿"。

第三节
无发问 ≠ 全理解

美国贝尔电话实验室曾经做过这样一个很有趣的实验：

被实验者分成三组，每组均由若干个两人小组构成，分别担任 A 和 B 两个角色。每个小组的 A 得到一套按照一定规律排列的骨牌，而 B 手中的骨牌杂乱无序。A 要告诉 B 怎样才能把 B 手里的骨牌排成 A 手中骨牌的顺序。

实验要求每组都需按照指定的规则传递信息。

第一组：A 可以对 B 说话，但 B 不允许提问。实验结束后，该小组中的 B 无一人把顺序排对。

第二组：B 也不能跟 A 说话，但可以按电铃要求 A 重复其指令。实验结束后，有些小组的 B 把顺序排对了。

第三组：各小组的 A、B 之间可以自由交谈。实验结束后，每个 B 都把顺序排对了。

这个实验的结果告诉我们：提问是获得信息的必要手段。如果没有恰当的提问，信息会因为无法确认而很难得到有效传递。

具体来说，提问在沟通中的价值表现在：

① 提问能够帮助我们进一步思考；

② 提问能够帮助我们确认设想的答案；

③ 提问能够帮助我们确认细节，从而便于执行；

④ 提问能够帮助我们跨越单纯接受别人观点和信息的被动状态；

⑤ 提问能够帮助我们了解对方的立场和态度；

⑥ 提问能够帮助我们提高解决问题的能力。

由于缺少了必要的发问环节，我们在工作中经常看到这样的场景：

领导很生气：事情怎么办成这样？我当时是怎么布置的？为什么与我当时的要求差距这么大？你没听明白，当时怎么不问呢？

下属很委屈：你没有交代清楚，而且也没给我提问的机会啊！

作为中层管理者，当你说完一件事情后，对方并没有提出任何问题，这是否意味着沟通非常成功，对方完全理解了你讲的内容呢？答案应该是否定的。出现这种情况，说明对方要么对这个事情不关注，要么就是完全不理解，根本不知如何发问。所以遇到这种情况，你切勿沾沾自喜。如果对方没有发问，你要学会反问，以了解对方的态度或疑惑。

当你下达一项新的指令或布置一个新的任务时，如果下属没有提出任何问题就要离开你的办公室，烦请你喊住他，问他几个问题，如这个指令或任务的关键点是什么，可能存在的问题有哪些，还有哪些不明白的地方等。作为管理者，不应让你的下属带着问题走出办公室，否则一定会出现指令变形、做的和要求的"两层皮"的现象。

我们经常说沟通如同跳"交谊舞"或"集体舞"，是一个双向、互动的过程。如果忽略了提问的环节，就使得沟通成了单向的信息传递，结果就是见仁见智，按照自己的理解去传达或执行，后患当然很严重。

因此，作为中层管理者，要鼓励大家发问，给大家创造发问的机会和氛围。在企业里，经常会出现这样一种情况。在开会解决问题的时候，主持人总是希望大家能够踊跃发言、群策群力，多提出一些问题和方法，使方案更加完善和切实可行。这个时候，作为倾听方的会议主持人或相关负责人，要留有讨论和发问的环节，而且对于问题要多鼓励、少批评，认真倾听、耐心解答。否则，大家基本上就不会发表建议或提出问题了。因为他会认为说了你也根本就不会听。既然你不听，他还说什么呢？

这也是很多会议会出现"会上没人说，会下一火车"现象的原因，因为参会人员根本就没有提问和发言的机会。如果大家不愿意说出自己的意见或疑问，管理者就无法同下属或同级进行沟通，这将为工作推进埋下非常大的隐患。当你寸步难行或孤立无援的时候，可能才会明白"只有我参与，才有我认同"，因为决策或方案里有大家智慧的结晶。

我们认为，管理者要转换角色，从领导角色转换为教练或老师的角色。而作为老师和教练，都喜欢善于问问题的学生。

曾经火遍大江南北的《哈佛女孩刘亦婷》，一度成为当时父母教育孩子的标准教材。而刘亦婷说："我没有什么秘诀，只是有个学习习惯，那就是我不会将问题带到课下。"

蒙牛集团的管理者也有一个习惯，就是给下属布置完工作后，一定会让其确认关键环节以及询问有无疑问，目的就是不让下属带着问题走出办公室。这一环节大大降低了反复沟通和纠偏的成本。

自省

当你将信息传递出去之后，是否征求过对方的意见？是否向对方进行了信息确认？是否考量过对方的理解程度？如果你的答案是否定的，那么你的改善计划是什么？

_____
_____
_____
_____

_____

_____

_____

请大家记住两句话:"没有问题是最大的问题"、"提问是沟通的向导"。

第四节
无异议≠有共识

"听不到奉承是一种幸运,听不到批评却是一种危险"、"阿谀逢迎没有牙齿,却能吃掉人的骨头",这些道理都在告诉我们无异议的危害,因为无异议绝不等于有共识。

可是有的中层管理者心胸狭隘,不愿意使用或重用与他个性不同的人,更不能容忍持不同观点的人的存在,经常有意识地伤害别人的自尊。对待自己的错误,却从来不愿意在下属面前承认,甚至一定要想方设法自圆其说,为自己的错误披上各种各样的外衣,好似自己被逼上了梁山一般。

有的中层管理者认为提出异议是破坏和谐。什么是和谐?和谐不是"你好、我好、大家好",和谐不是"一团和气",和谐不是回避矛盾、丧失原则,和谐不是只有一个声音笼罩下的一潭死水。

试想,在一个企业里,如果人人都像机器一样,只是凭着指令做事,不愿意把不同的想法和好的建议说出来,失去了讨论和争论的激情,"老实人"在埋头做事、"不老实的人"在等待出事,那么可以想象,这个企业最累的一定是管理者。等到很多东西做出来之后，你才发现与预期目标相差太远，而这个结果可能已经无法改变了。你只雇用了员工的手，而员工最为宝贵的大脑却没有为你所用。他们成了一些在企业里混日子、拿工资的主，责任在谁？不在员工，而在管理者。

鉴于此，企业、部门应定期召开氛围轻松的座谈会或讨论会，鼓励大家积极提出自己的想法、看法和建议。

现在很多企业经常会针对员工、客户、消费者进行满意度方面的调研。从这项工作的初衷来讲，企业是希望通过调研倾听大家的心声，并获得一些真实、客观或通过其他途径较难反馈的情况。从接受调研这个角度来说，被调研者往往会感觉受到了尊重，也愿意把与自己相关的一些不满和要求提出来。

但是，只让对方提意见是不够的，关键要看企业对所提问题的处理方式，这直接影响到未来调研工作的实际效果。

这也就是为什么有的企业做过一次满意度调研之后，很难再持续进行下去，其根本原因是经常听不到真实的声音。

有的管理者只是为了做做样子，并不希望听到过多的负面声音，对提出的问题、建议象征性地回复一下，实际问题并没有得到解决；要么就是反复解释，没有真正听取意见、解决问题的态度，有的干脆就没有任何回馈。如果没有这个信息回路，被调研者就会认为自己的真诚根本没有得到真心的回报。这次你跟我做样子，下次我就跟你做样子。其结果就是越来越多的人都觉得自己在这个事情上根本没有话语权，继而引发挫折感和抵触情绪。这样将极大地降低员工、客户的工作热情。

在这一点上，蒙牛集团的做法特别值得我们借鉴和学习。

迄今为止，蒙牛集团已经连续7年开展"内外部客户之声"的调研工作了。尤其是针对经销商的"外部客户之声"的调研工作，还入选了 2011 年《哈佛商业评论》服务管理领域的精选案例。

随着蒙牛集团的快速跨越式发展，高层管理者敏感地觉察到，企业规模越来越大，离客户（即经销商）越来越远，很多建议、批评都听不到，这样不利于决策。2005 年初，时任蒙牛集团液态奶事业部总经理的杨文俊提出"客户之声"的项目设想，并委托长期顾问机构中国软实力研究中心从第三方角度承担"聆听客户之声"的项目课题。

为了保证"客户之声"获取的信息尽可能真实、客观，打消经销商的顾虑，整个调研现场实施过程均是由第三方机构独立操作，如选取样本、约访调研对象、与调研对象深度访谈、录入数据信息、撰写报告等。

完成"客户之声"的调研后，蒙牛集团在第三方指导下，有针对性地实施改善计划：首先在集团层面发布，然后召开业务单元共识会，形成本部门持续改善的目标与措施，并向下游客户公示。各部门每月向所有员工和经销商通报完成情况。同时，设立客户执委会、改善工作组等，监督、落实各项改善措施。最后，总结、提炼优秀的运营、管理方法，制订企业内推广计划，并促进其有效执行。

从调研发起的初衷到调研的实施过程，再到调研结果的反馈和应用，经销商看到了蒙牛集团的诚意，也感受到了蒙牛集团对经销商意见的重视，更愿意坦诚表露一些好的想法或不满。只有这样，双方的利益才能得到更好的保障，合作也才能更加长久。

所以，中层管理者要鼓励团队成员表达观点，尤其是不同的观点，这样才能保持组织的活力和激情。作为中层管理者，当你面对建设性的异议时，首先应该端正态度，然后要学会以下表达方式，即先表示鼓励和认同，比如：

"这是一个好建议……"

"感谢你把想法真实地表达出来。"

"你的这个建议太好了，这样能避免我们走弯路，你能说得再具体一些吗？"

"你提的这一点非常好，我确实没有想到……能说一下你的建议吗？"

"如果你不同意我的观点，能举一个具体的例子吗？"

同时，如果你坚信自己的观点是正确的，当然前提是你能理性地区别"固执"和"执著"的差异，那么你还要学会恰当地表达自己的观点：

"我能理解你的感受，可实际情况是……"

"我能理解你的看法，可我们不得不考虑的是……"

"我知道你想表达的观点，然而你有没有考虑到……"

"你提的建议很好，但目前这件事情的最新进展是……"

对于一些确实不能接受的异议，立场要坚定、态度要友好、语气要平和，而且最后也不要忘了感谢对方的支持和理解，以及积极合作的态度。

其实很多沟通都是化解异议、消除分歧、达成共识的过程。作为信息的发出者，要有一个开放的心态，能够包容其他的意见和不同的声音。俗话说"真理越辩越明"，很多重大的方案和举措都是在不断地论证、碰撞甚至争吵中逐渐完善的。

| 自省 |

作为中层管理者，你的下属是否乐于当面提出异议呢？如果不是，原因是什么呢？

_____

_____

在一个团队里，如果听不到一点异响，听不到一点反对意见，那是不正常的。水，在污泥塘里，不动不响，那是死的；在江河湖海里，有风、有波、有浪，那是活的。有一些逆耳的话在耳边响着，警钟长鸣，不见得就是坏事，甚至可以说是好事。

第五节
我说了 ≠ 已沟通

2007 年第 18 期的《意林》杂志刊载了这样一则案例：

1990 年 1 月 25 日 19：40，阿维安卡 52 航班正在美国新泽西海岸上空飞行。机上的油量可以维持近两个小时的航程，在正常情况下降落至肯尼迪机场仅需不到半小时的时间，可以说时间上还是比较充裕的。然而，此后发生了一系列耽搁。20：00，由于严重的交通管制，肯尼迪机场通知 52 航班在机场上空盘旋待命。20：45，副驾驶员向机场报告"我们的燃料快用完了"。虽然机场的交通管理员收到了这一信息，但在 21：24 之前，飞机没有被批准降落。在此之前，52 航班的机组成员再没有向肯尼迪机场传递任何情况十分危急的信息。

21：24，52航班第一次试降失败。当机场指示52航班第二次试降时，机组成员再次提到他们的燃料将要用尽，但飞行员却告诉交通管理员新分配的飞行跑道"可行"。21：34，燃料耗尽的52航班坠毁于长岛，机上73名人员全部遇难。

调查人员找到了失事飞机的黑匣子，并与当事的交通管理员进行了交谈。他们发现导致这场悲剧的原因竟然是沟通存在障碍。

首先，飞行员一直说他们"燃料不足"，交通管理员告诉调查者这是飞行员们经常使用的一句话。当时间延误时，交通管理员认为每架飞机都存在燃料不足的问题。如果飞行员发出"燃料危急"的呼声，管理员有义务优先为其导航，并尽可能迅速地允许其着陆。遗憾的是，52航班的飞行员从未说过"情况紧急"，所以交通管理员一直未能理解飞行员所面对的是真正的困境。

其次，飞行员的语调也并未向管理员传递"燃料危急"的信息。许多交通管理员接受过专门的训练，可以在各种情境下捕捉到飞行员声音中极细微的语调变化。尽管机组成员相互之间表现出对燃料问题的极大忧虑，但他们向机场传达信息的语调却是冷静而职业化的。

最后，飞行员的文化、传统以及职业习惯也使他们不愿意声明情况紧急。正式报告紧急情况之后，飞行员需要写出大量的书面汇报；同时，如果飞行员被发现在计算飞行油量方面疏忽大意，就会被吊销驾驶执照。这些消极措施极大地阻碍了飞行员发出紧急呼救的信息。在这种情况下，飞行员的专业技能和荣誉感不必要地变成了决定生死命运的赌注。

可以说，几句话就决定了73人的生死。为什么一个简单的信息既未被清楚地传递，又未被充分地接受呢？

其实，在我们的日常管理中，一些主、客观原因的存在经常会导致信息在传递过程中出现失真，这也是沟通双方容易产生误解的主要原因。如果沟通时信息严重失真，不但会影响沟通双方的人际关系，还会影响企业工作的正常开展，甚至是企业的生存和发展，这种损失对企业而言也犹如一场"空难"。

导致信息失真的主观原因是信息的传递者对沟通缺乏足够的重视，语言表达能力差，缺乏沟通技巧和反馈确认环节；客观原因是沟通的内容本身不容易明确传达。本节只讨论客观原因导致的信息失真及解决方法，主观方面的问题会在后面的章节详细论述。

第一，内容不易明确传达导致信息失真。

例如，一个中层管理者让员工到市场上采购一种笔记本，这个"笔记本"就是一个模糊的概念。究竟多厚、多大？有无特殊要求？如果管理者没有讲清楚，在员工的头脑中是很难形成一个明确的概念的。但如果管理者给员工提供一个样品，到市场上去对比购买，就比较容易采购了。

对于这种不易明确传达的信息，要借助"样本"来使其有所参照，比如样品、照片、标准、参数、表格，甚至是示范动作。借助这些"样本"，员工就能真正理解管理者所布置的工作任务和具体要求。

很多中层管理者在自己还没有想清楚的时候，就开始和别人沟通了，这是很不可取的。中层管理者在布置工作时不要急于"说"，首先要想清楚，然后才是说清楚、说到位。

第二，沟通时被干扰导致信息失真。

对于这种原因导致的信息失真，唯一的解决方法就是不要忽略确认环节，而且要强化确认。

如果沟通的双方不在同一个地方，只能通过各种远程通信手段来实现"发送—接收"，这种情况下，最好不要仅仅依赖一种信息渠道。例如，单纯依赖电话，就很容易出现理解上的误差。假如管理者通过电话布置了一项工作，再通过电子邮件与员工确认相应的背景资料，员工就可能获得更多的支持性资料，从而更好地理解管理者的意图。如果员工进而将自己对工作的理解拟成文稿、图样发送给管理者，而管理者又打电话再次予以确认，那么这项工作可能会完成得很漂亮。

这些电话、短信、传真、电子邮件等都是中层管理者与员工进行"共识确认"的常用工具。当然，在保证正确理解对方意图的同时也要注意确认的成本，即信息传输成本和时间成本，不能为了万无一失而无限制地重复确认。但是，在多数情况下，进行"双信息渠道"确认还是必需的。

第三，传递环节过多导致信息失真。

信息传递经过的环节越多越容易失真，特别是口口相传的信息。解决的唯一办法还是不能忽略确认环节，而且要层层确认。确认也不单单是口头确认，而要努力寻求相关书面资料的印证。否则，在出现以讹传讹之后，双方会陷入无休止的打嘴仗中。

下面这则笑话很能说明这个问题：

第一个人说"西伯利亚下了一场鹅毛大雪"，到第二个人口中就变成了"西伯利亚下了鹅毛"，第三个人则说成"西伯利亚下了鹅"。

如果双方忽略了确认这一环节，沟通中出差错是很正常的，不出差错反而不正常。所以"我说了"也绝不等于"已沟通"。

自省

在不便用语言表述或他人难以理解的情况下，你是否找到了恰当的沟通样本？请列举在日常工作中，哪些情况需要提供沟通样本。

_____

_____

第六节
强势≠赢家

作为一名中层管理者，你是否让下属或同事很畏惧呢？其他人看到你是不是能躲就躲、能逃就逃呢？你是否讲话语气很强势，口头禅是"你错了"、"你听我跟你讲"，一根食指老是戳着对方，总想教导人家什么，不管人家是不是赞同你的看法、想不想听你的教训？

我曾在网上看到一篇给强势的管理者画面相图的文章，大家可以自我参照一下。

本来一个正常的管理者的面相图是五官各得其位、比例协调，但这个强势的管理者的五官却被自己强势的心态动了手术：眼睛越来越小，眼里只有自己；耳朵也越来越小，别人说的话越来越不愿意听，也越来越听不进去；鼻子却越来越大，总是不自觉地往别人的缺点上嗅，成了标准的"狗鼻子"；嘴巴也越来越大，整个人似乎成了一个高音喇叭，说得越来越多，也越来越难听，简直让人难以忍受！

你不妨照照镜子，看看镜子里的五官是否出现了变形，想想是否由于你的"变形"，导致了下属的"变心"。

《道德经》曰："太上，不知有之；其次，亲而誉之；其次，畏之；其次，侮之。"这句话告诉了我们治国的几个境界：最高明的统治者，以不扰民为先，民众只知道有这个人而不知道他的功绩；次一等的，大肆推行所谓的"仁政"，民众会拥护他、称颂他；再次一等的，用苛刻的刑法威治天下，民众都畏惧他；最差的一等，根本不会治理天下，民众看不起他。

当然，我们无法要求每一位中层管理者都能做到老子向往的无为而治，但也不能总是"以势压人"。很多强势的中层管理者都有类似的通病和相似的结局。

第一，强势的管理者通常比较自负。

怀有这种心态的人一般都处于优势地位，拥有自己的一套成功哲学和行事风格，认为自己的经验可以放之天下而皆准。他们都有个人英雄主义情结，忽略团队精神和集体战斗力。由于恃才傲物、过分自我，在管理上往往实行"家长制"、"一言堂"。"我都知道"的管理者，会给下属一种压力，让他们感到没有施展才华的空间；"我都知道"的管理者，会让下属失去动力，反正你也听不进去，你是领导，你说了算吧。

第二，强势的管理者往往情商比较低。

他们不会体恤团队成员的情感需求，不会替别人着想，要么脸天天拉得跟"长白山"似的装深沉，要么一说话就以"咆哮体"发言或攻击别人的观点和看法。

第三，强势的管理者通常比较情绪化。

当下级在工作上与他存在不同意见时，他总是像雷管似的，一点就着、一着就炸，办公室在三楼，一楼、六楼都能听见领导又在骂人了。

强势的管理者虽然会有些英雄壮举，这也是其强势的资本，但其结果往往却是悲情式的。千万不要让员工"因为强势的品牌加入公司，因为强势的经理离开公司"。

因此,作为中层管理者,不但不能那么强势,有时还要学会有效示弱,刘备就是一个很好的榜样。

刘备论文比不过他的两个军师——诸葛亮、庞统,论武比不过五虎上将关、张、赵、马、黄,但他却能统领他们,并且能将团队建设得很好,除了他刘氏宗亲的身份之外,还有一个非常重要的因素,就是他的领导才能。他不但不是一个强势的领导,而且还非常善于示弱。他总是做得恰到好处,将别人的心拢在一起,能够为他"鞠躬尽瘁,死而后已"。

如果给强势的管理者提一个中肯的建议,那就是希望他们能有一种"空杯心态"。

> 古时候有一个佛学造诣很深的人,听说寺庙里有位德高望重的老禅师,便去拜访。起初,老禅师的徒弟接待了他,他态度傲慢,心想:我是佛学造诣很深的人,你算老几?后来,老禅师十分恭敬地接待了他,并为他沏茶。可在倒水时,明明杯子已经满了,老禅师还在不停地倒。他不解地问:"大师,为什么杯子已经满了,还要往里倒水?"大师说:"是啊,既然已满了,干吗还倒呢?"

禅师的用意很明白,既然你已经很有学问了,干吗还要来我这里求教?这就是所谓的"空杯心态"。

过于自负者,应学会放低自己的姿态,平等沟通,试着对周围的事物产生好奇心和求知欲,多用开放式语气,"我可能还不是很了解,请你告诉我",这将成为建立平等沟通的开端。

自省

你在沟通时的语气、表情、姿势是否总是寒风凛冽、咄咄逼人？如果是，你希望怎样改进？

_____
_____
_____
_____
_____
_____

第七节
下级 ≠ 主动

沟通的位差效应，是美国加利福尼亚州立大学对企业内部沟通进行研究后得出的重要成果。他们发现，来自领导层的信息只有 20%～25% 被下级知道并正确理解，从下向上反馈的有效信息则不超过 10%，而平行交流的效率则可达到 90% 以上。经过进一步的研究，他们发现平行交流的效率之所以这么高，是因为平行交流是一种以平等为基础的交流。为试验平等交流在企业内部实施的可行性，他们在整个企业内部建立了一种平等沟通的机制。结果发现，这种平等的沟通机制大大增加了领导者与下属之间的协调沟通能力，使他们在很多方面都能很快达成一致；上下级之间、各个部门之间形成了较为对称的信息流动，信息在执行过程中发生变形的情况也大大减少。由此，他们得出了一个结论：平等交流是企业有效沟通的保证。

但是，在很多企业，上下级的对话表面上看是民主的、平等的，实际上还是"官大一级压死人"。客观上，由于上下级双方处在直接或间接的管理与被管理的关系之中，各自的地位和权限是不平等的，因而必然形成习惯性的"心理差异"，在心理上存在根深蒂固的不平等。

由此，上级容易自觉或不自觉地表现出居高临下的心理状态，下级则容易产生畏惧、服从的心理状态。我想许多人可能都有这样的体验，在一个比自己地位高或权力大的人面前，你往往会惊慌失措，事前准备好的说辞也乱了套，以致出现许多尴尬的场面；可是如果是在一个能力或地位都不如自己的人面前，你却可以游刃有余、应付自如，乃至有超常发挥。"位差心理"所造成的负面影响由此也显而易见。

一个企业要实现高速运转，要让企业充满生机和活力，有赖于"下情能为上知"，因为员工是距离客户最近的人。他们如果不能将发现的问题主动地反馈上去，管理者就很难及时了解来自一线和基层的声音。那如何才能最大限度地避免"位差效应"所造成的负面影响，让员工主动、积极地与上级领导沟通呢？

第一，为员工营造平等、开放的交流氛围。

在这方面，零售业巨头沃尔玛堪称典范。

在沃尔玛的创始人山姆·沃尔顿看来，最重要的沟通莫过于公司与员工的沟通。为了"聆听公司内每一个人的意见"，沃尔玛推行了一系列切实可行的沟通策略，确保建立平等、开放的沟通氛围，并通过信息共享、责任分担实现良好的沟通与交流。

沃尔玛在公司内部实行门户开放政策，即任何时间、任何地点、任何员工都有机会发言，都可以口头或书面形式与管理人员乃至总裁进行沟通，提出自己的建议和关心的事情，包括投诉受到不公平的待遇。公司保证会讨论员工们的意见，对于可行的建议，还会积极采纳。

沃尔玛的领导人被员工称为"公仆"，在员工佩戴的工作牌上是找不到"职位"的。管理者的责任就是为每一个员工服务，指导、帮助并鼓励他们，为他们的成功创造机会。事实上，即使是沃尔顿自己，也不遗余力地与他手下的经理与员工沟通。

在这种氛围下，经常有各地的基层员工来到总部要求见沃尔顿。沃尔顿总是耐心地接待他们，并保证听完他们要说的话。如果员工是正确的，他就会认真地解决有关的问题。

第二，开辟多种沟通和交流的渠道，尤其要多利用非正式沟通渠道。

事实证明：通过权限的正式途径向下级或上级传递的信息，实际只占整个信息网络的一小部分，大部分是通过非正式途径传递的。在这个方面，通用电气前CEO杰克·韦尔奇是大家学习的榜样。

在电子通讯不发达的当时，素有"世界第一CEO"之称的通用电气前CEO杰克·韦尔奇，创造过许多别具特色的管理方法。其中"便笺式沟通"就是一种比较经典的非正式的沟通方式。通过这种沟通方式，员工感受到了企业的温馨。

杰克·韦尔奇每天必做的事情之一就是亲自动笔给各级主管、普通员工乃至员工家属写便笺，有时是征求他们的意见，有时是询问业务进展，有时仅仅是表示关心、关注。杰克·韦尔奇通过便笺表明他对员工的关怀，使员工感到他们之间已从单纯的管理者与下属的关系升华为人与人之间的关系。

　　杰克·韦尔奇的便笺，比任何长篇大论的演说都更能拉近他和员工的距离，而且这也是他向下属有效传达重要观念的最佳方式。久而久之，"韦尔奇便笺"便演变、升华为一种"非正式沟通"的氛围，一条"通心路"，一种凝聚力、亲和力。员工们则把收到他的便笺作为荣耀和情谊，倍感幸运、倍加珍视。

　　作为管理者，当你在为听不到一线和基层的声音而烦恼时，你首先应该考虑的问题是"你有没有摆正自己的位置"。

　　当你成为管理者以后，尤其随着你职位的上升，从员工那里获得真实反馈的难度越来越大。其实，在你的职位上升到某个阶段后，当你的岗位职责已经不允许你凡事都亲力亲为的时候，对于团队的工作情况或已经出现的问题，你的部下比你更了解，因为他们是真正的操刀者。

　　问题的关键在于，尽管你的直接下属知道问题出在哪里，但他们是否愿意告诉你呢？这取决于你和下属沟通时的状态。如果你能真诚地接受意见并予以修正，就会赢得下属的信任和尊重。因为下属看到你能积极采纳建议，就会觉得自己为公司、为你个人的成功做出了贡献。他们会更加愿意主动给你提出建议和意见。因为他们知道你善于接受他人的意见，而且能付诸行动。

　　可如果你总是摆出一种高高在上的姿态，那么你得到的坦率而有价值的反馈将会越来越少。久而久之，你很有可能曲高和寡，成了孤家寡人。不幸的是等到问题暴露后，很可能为时已晚，你已经没有挽回的机会和余地了，而这些都会严重影响你的工作业绩，以及领导对你管理能力和工作能力的评价。

你办公室的桌椅摆放、门的设计是否为员工主动沟通设置了障碍？你在日常的管理中采取哪些方式主动与下属进行沟通呢？你有没有激励下属主动沟通的措施？

_____
_____
_____
_____
_____
_____

中层管理者应主动与基层员工进行经常性的沟通。不要坐在办公室里等着下属来给你汇报一切，不要想当然地认为，在任何情况下，下级天经地义就应该主动与上级沟通、汇报，否则你可能等得"花儿也谢了"，却得不到任何信息。

第二章
扫除沟通的心态障碍

- 在触碰到自己的利益、挑战到自己的权威时,你会进行换位思考吗?
- 把对方批得体无完肤,使其无地自容,你真的赢了吗?
- 面对下属的过错,你是不是动不动就发脾气呢?

一谈到沟通，我们马上联想到的名词往往就是技巧，似乎技巧就意味着沟通，两者之间好像能画等号。

可是，当我们在工作和生活中面临各种各样的沟通问题时，认真地想一想，问题的本质又很难归结为缺乏沟通技巧。那问题到底出在哪里呢？

我们知道沟通能力包含很多内容，如语言表达、肢体语言表现、情绪控制等。而良好的心态是这些外在表现的基础，决定了沟通的方式和效果。因为心态是决定我们心理活动、左右我们思维的一种心理态度，心态左右着我们对人、对事、对环境的看法，而这种看法又决定了我们对人、对事的态度。心态的变化会直接从人的面部表情、语言、身体行为等方面反映出来，如果心态发生变化，人在情绪上、沟通方式上就会有不同的表现。

所以，有效沟通绝非单纯靠技巧就能实现的，如果抛开心态这个前提，过度追求沟通技巧，结果只能是得不偿失。当我们的沟通总是出现各种各样的问题时，不妨反思一下是不是我们的心态出了什么问题。

"沟通从心开始"，中国移动的这句广告真可谓一语道破了沟通的要诀。如果丧失了"从心"这个起点，沟通的结果一定是以失败而告终。所以我们说"先处理心情，再处理事情"。积极的心态有很多种，在沟通中我们重点需要培养5种积极的心态：真诚、自信、换位、包容、双赢。

第一节
与人沟通要真诚

看到真诚这个词，你可能想说太老套、太迂腐了。但是如果沟通离开了这个前提，你还能指望有好的结果吗？

被称作日本"经营之神"的松下幸之助用一句话概括了自己的经营哲学："伟大的事业需要一颗真诚的心与人沟通。"

松下幸之助在其经营初期就秉承公开的方针，比如财务公开、经营方针公开、经营实况公开，一切都和全体员工共同承担和分享。后来，他又对这种方针加以总结，将其命名为"玻璃式经营法"，是松下电器公司的三大主要经营法则之一。

玻璃式经营，顾名思义，就是企业经营要做到像玻璃一样透明、清晰，让每个员工都清楚地了解公司的现状及未来发展方向。目的就是通过与员工进行开诚布公的互动，提高员工的责任心及主人翁意识，增强企业自身的凝聚力，以实现全员经营。

"玻璃式经营"的要旨是公开和透明。这种公开和透明，建立在领导与员工彼此信任的基础之上。所有的经营实况，都像透明的玻璃一般清澈可见，没有任何掩饰。公开经营实况的要点则是"报喜也报忧"，绝不把经营实况掩盖起来。好的时候，把喜讯带给员工，请大家分享成功的欢乐；坏的时候，把问题摆在桌面，依靠大家的力量共渡难关。

开诚布公，力求信息对称，是松下幸之助早期创业时赖以生存的基本方式。即使企业如今已成为国际化的大公司，这种公开透明的"玻璃状态"也没有隐退，而是一直被保持到今天。

一、真诚是成功沟通的必备条件

以真诚感人，他人亦以真诚而应。真诚能帮我们获得最大的信任，赢得更多的朋友，能帮我们融化各种误解。真诚是沟通的情感桥梁，缺乏诚意的交流难免会带有各种偏见和误解。傅雷先生说过："有了真诚，才会有虚心，有了虚心，才肯丢开自己去了解别人，才能放下虚伪的自尊心去了解自己。"

在人与人之间的沟通中，真诚主要表现在三个方面：一是说话的内容要真实，所讲内容要符合客观实际，不能有任何虚假成分；二是表现的态度要真挚，要发自内心，绝不能"装"；三是迸发的感情要真切，一定要是真情实感的自然流露，是内心的真切表白，而不是应付或虚伪。总而言之，沟通不能"假、大、空"，要推心置腹，不能让对方感觉你总是隔着肚皮在沟通，始终看不到你的诚意。

然而，企业内部的"面具"现象，存在于当今众多组织中，尤其是在中层管理者的群体中更为明显。当我们在一个企业里进行前期诊断调研时，我们惊讶地发现，这个企业已经有半年没有召开过跨部门的沟通例会了。原因很简单，就是老板对会议效果极其不满意，认为会上不是"大家好才是真的好"，就是"都是你的错"。让我们更为惊讶的是，这家企业的中层之间基本没有直接的沟通，都是让各自的助理进行信息传递。就凭这两点，你可以想象这家企业是什么样的氛围了吧。

企业中的许多平级同事在沟通时，往往是互相恭维，即使工作出现差错也不会直接指出来，或者总是先讲一大堆客套话为批评做铺垫。"面具"现象使大家好像都成了"装在套子里的人"。工作在伪友善的环境中，喜于逢迎，但一转身，口中不说，心里想到的一个词就是"虚伪"。长此以往，其结果一定是团队不能相互了解，无法建立密切关系，甚至产生矛盾和冲突。

如果沟通渠道被堵塞，信息不交流，关系不协调，必将挫伤组织和团队的热情。有一则小寓言深入浅出地讲解了这个道理：

一把沉重的铁锁挂在门上，有一个人拿着一根铁棒去砸它，可不管怎么用力都打不开。这时又来了一个人，他拿出一个小小的钥匙往锁孔里一插，咔嚓一声锁就开了。等俩人走后，迷惑不解的铁棒问小钥匙：为什么我这么大的力气都打不开锁，你轻轻一下就打开了呢？小钥匙回答：因为我懂得它的心。

人与人沟通、交流也要如此，要懂得对方的心，做到以心换心，这样很多复杂的事情才可能变得异常简单。这就是所谓的"心有灵犀，一点就通"。

二、对待员工要真诚

阿里巴巴的马云有一个观点，就是对员工一定要真诚。"你可以不说，但是只要说，就要说真话"，是马云著名的语录之一。

据悉，大约在1995、1996年的时候，那时的马云还在做中国黄页。有一次由于资金紧张，离发工资的日子只有3天了，公司账号上却只有2000多元，而工资就要发8000多元。马云并没有隐瞒情况，直言不讳地将公司的困境告诉了员工。他真诚的态度赢得了员工的理解。员工告诉他，就是两个月拿不到工资也会跟他干下去。

从创业开始至今，马云一直以一颗真诚的心对待员工。也正是由于马云对待员工很真诚，所以员工也以积极的工作回报马云。阿里巴巴的团队是一个富有战斗力的团队，应该说与此有很大的关系。

三、用真诚化解危机

对待下属要真诚，在处理危机事件时更需要真诚，真诚往往能让事情"柳暗花明"。

> 1994年年底，联想集团面临第一次危机，在香港联交所上市的"联想控股"第一次出现亏损。柳传志和整个联想管理团队面临巨大压力。
>
> 柳传志知道，回避、推诿不是办法。他带着主管财务的副总裁直接到香港，一个个拜会投资者、债权人、银行、基金和香港联交所，将企业存在的问题和面临的困难坦然相告，同时也实实在在拿出企业改进经营管理的具体措施。
>
> 通过真诚的沟通，联想取得了方方面面的理解，并为集团顺利渡过难关、争取发展赢得了宝贵的时间和资金支持。

马云的故事也好，柳传志的事例也罢，都应该是中层管理者学习的标杆。他们的行为说明了这样一个道理：每一次真诚的沟通都是心灵的交流和理解，都将打破人与人之间的隔阂，缩短心与心之间的距离，正所谓"精诚所至，金石为开"。

作为中层管理者，面对沟通、面对问题、面对质疑，你知道选择什么样的心态了吧？

第二节
与人沟通要自信

有很多中层管理者都跟我聊过他们在沟通交流中的困惑。比如：本来准备得挺好，可是面对很多人的时候就显得很慌乱；与下级沟通时感觉很顺畅，可是跟上级尤其是强势的上级沟通、汇报时总觉得心里没底气，表达也不是很到位，而且好像形成了恶性循环。

这些问题都是由于缺乏自信心造成的。我们知道，最大的对手是自己，最大的障碍是心理障碍。

如何树立自信、克服胆怯退缩的确是我们工作、生活中非常重要的事情。否则，它会成为我们成长、成功道路上的绊脚石。那么，我们到底应该如何踢开这块绊脚石，勇往直前地走在成长、成熟、成功的道路上呢？

一、释放压力、相信自己、喜欢自己

这是战胜胆怯退缩的重要法宝。胆怯、退缩的人往往是自我怀疑、自我否定的人，他们经常怀疑自己是否有能力做好某些事情，结果可能由于过度紧张、拘谨而把原来可以做好的事情弄糟了。

很多卫冕失败的运动员往往也是由于压力过大，对自我产生了怀疑而导致名次不佳；而比赛中杀出的"黑马"恰是因为心态放松、正视自我而出现了超常发挥。后者善于放松、举重若轻，场面越大、越有挑战性，可能发挥就越好，这是因为他们的自信心比较强，从而不会瞻前顾后考虑那

么多，大脑的兴奋点都集中在如何通过比赛上了，自然能够将自身水平发挥出来，甚至超水平发挥。

所以，缺乏自信的人在与上级沟通，或者在众人面前演说之前，就应该为自己打气，告诉自己只要努力表达出自己的观点和意见就可以了。正所谓"谋事在人，成事在天"，抱着这种平常心去面对一些挑战，结果如何也不会给自己留下什么遗憾了。

二、做好充分的准备和练习

自信不是凭空产生的，更不是打肿脸充胖子，否则可就是"无知者无畏"了。比如，你要参加一个难度很大的专业考试，但是一点都没复习，那么再自信的你也不敢拍胸脯说自己一定能考好。又如，你要在许多人面前做一个正式演讲，但是你却没有认真准备，那你在上去之前就可能会四肢发麻、手脚冰凉。当然，对于那些有演讲经验，善于控制场面、调节气氛，能够即兴发挥的人来说，就另当别论了。

对于存在胆怯、退缩心理的人来说，每经历一次失败可能都是一个比较大的打击，都是对自信心的摧残。这样往往就会导致恶性循环，产生自我怀疑和否定。所以，在每做一件事情之前，你都应该做好充分的准备，反复练习，为树立自信心、取得成功打下基础。而每一次成功又会成为缺乏自信的人尝试下一个任务的动力，从而形成一个良性循环，最终使自己越来越自信，越来越敢于尝试新的东西，迎接更多的挑战，为自己争得更多的发展机遇，赢得更多的成功。

三、善于复盘

会下棋、爱下棋的人都有一个好习惯，无论输赢都会进行复盘，也就是要回顾一下赢在了哪一步或输在了哪一步。推而广之，这实际上是对成败的关键进行问题还原，认真、全面、积极、客观地总结，并制订切实可行的改善计划。

不要每当遇到失败的时候就自暴自弃，武断认为自己能力不够，或者认为自己就是在这方面不擅长，结论就是"我不行"。持有这种结论，肯定会对自己的能力产生怀疑，从而选择逃避、放弃，再也不愿做任何努力和尝试。所以认真、全面、积极、客观复盘是很重要的。

四、强迫自己扩大交往范围

就像广告语说的"男人要对自己狠一点"，你要有点"明知山有虎，偏向虎山行"的劲头。越害怕与人沟通，就越要逼迫自己多与人沟通，特别是自己的上级或者其他比自己优秀的人。不要认为自己没有魅力，不善言辞，别人不喜欢和自己交流，而要善于发现自己的长处、优势，并恰当地发挥出来，这样才能增加自己的自信心，在领导和众人面前也就不会那么不自在了。

五、强化肢体语言

在与人沟通时，你可以有意识地强化自己的肢体语言，比如目光、手势、语气、态势等。这些都是心理状态的外在表达，即"相由心生"、"有诸形于内，必形于外"。缺乏自信的人往往不敢直视对方的眼睛，给人的印象是冷淡、闪烁其词、心不在焉，但实际上这种身体语言传递的信息是"我胆怯、我害怕、我不安"。

美国心理学家阿瑟·沃默斯认为，只要将身体语言作些调整，就能产生令人吃惊的直接效果。比如，面带微笑、坦率开朗、身体前倾、友善性的握手、眼睛对视、点头等，可以使外在印象看起来更亲切、随和。他宣称这将获得友好的回报，也就不会再觉得对方那么可怕了。

心理学实验表明，人类很多特性的分布都有一个规律：特别好和特别差的人各只占2%左右，中间水平的占95%，也就是说绝大多数的人都是差不多的。因此，我们没有必要把对方想成"洪水猛兽"而过度贬低自己。

当然，对于以上这些方法，知道并不等于做到。前提是你有一个强烈的突破自我、改变自我、完善自我的意愿，然后再按照这些方法大胆尝试、认真总结吧。

沟通源于自信，自信带来魅力！

第三节
学会换位思考

换位思考源于换位心态。换位就是能够站在对方的立场考虑问题，找出对方的合理点，进而提出双方都能接受而且对组织有利的建议和对策，最终解决问题。

一、达成共识

"换位"二字说起来容易，可做起来有时还真没那么容易。正像大师南怀瑾所说的，"我爱我是无条件的，我爱你是有条件的"，这是人性使然。"屁股决定脑袋",每个人都有自己的立场、利益,当你没有处在那个位置时,你很难做到感同身受。

有一个故事对换位思考做了精彩的阐述:

> 一头猪、一只绵羊和一头奶牛被牧人关在同一个畜栏里。有一天,牧人将猪从畜栏里捉了出去,猪大声号叫,强烈反抗。绵羊和奶牛讨厌它的号叫,于是抱怨道:"我们经常被牧人捉去,都没像你这样大呼小叫的。"猪听了回应道:"捉你们和捉我完全是两回事。他捉你们,只是要你们的毛和乳汁,但是捉住我,却是要我的命啊!"

可见,如果所处的立场不同,是很难了解对方的感受的。

在第一章,我们讲了沟通是有目标的,要么是希望对方接受,要么是希望对方支持,要么是希望与对方达成共识,等等。由此可见,沟通是双方的事情,是创造机会请对方决定的过程。要想成功实现这一点,"换位"就是非常有必要的。因为"要想知道,打个颠倒"。

在工作和生活中,沟通达不成预期的目标,甚至相互争执、相互抱怨,主要原因之一就是缺乏换位思考的心态。比如妻子正在厨房炒菜,丈夫在她旁边一直不停地唠叨:"慢些!小心!火太大了!油太多了!该放盐了!"妻子脱口而出:"我知道怎样炒菜,不用你指手画脚的。"丈夫平静地答道:"我只是要让你知道,我在开车的时候,你在旁边喋喋不休,我的感觉如何……"是否很多夫妻间都有类似的对话呢?

换位思考包含"体谅对方"与"表达自我"两方面。体谅对方是指设身处地为别人着想,并且体会对方的感受与需要。表达自我,就是通过恰当的方式请对方了解你的立场、处境。

二、体谅对方

学会换位思考并不难，只要你愿意认真地站在对方的角度和立场看问题。当出现沟通障碍，"公说公有理，婆说婆有理"的时候，你不妨把你的身份从甲方变成乙方，从领导变成员工，从父母变成孩子，从企业变成客户。

我们知道迪士尼乐园将自己的企业价值定位为"表演公司"，即通过主题公园的娱乐形式为游客提供快乐和消遣，最大限度地给游客以欢乐。角色扮演是迪士尼乐园营造欢乐氛围的重要手段。在迪士尼乐园，员工的职位就是一种角色，是为顾客带来欢乐的角色。顾客是"贵宾"，员工是"观众"；上班是"上台表演"，下班是"下台休息"。公园里的每个员工都扮演着主人的角色，他们完全从顾客的角度出发，用真心的服务将一次次的不满转化为"美满"。所以他们在这样一个服务性的行业里被投诉率极低。

在迪士尼乐园，有这样一个故事令我非常感动：

一位女士带5岁的儿子玩梦想已久的太空穿梭机。好不容易排了40分钟的队，临上机的时候却被告知由于小孩年龄太小，不能玩这种游戏，母子俩一下子愣住了。其实，在队伍的周围都有醒目的标志：10岁以下儿童不能参加太空穿梭游戏。遗憾的是母子俩因过于兴奋而未看到。他们非常失望和气愤。

如果让你来处理这个事情，你会怎么做呢？

有的人说："跟他们解释这个游戏的危险性，不让玩是为他们的安全考虑……"这样解释不但从根本上消除不了顾客的不满，反而导致原来准备玩的人也不敢玩了。

有的人说："带他们去玩别的游戏，不用排队……"首先，对于别的游戏他们不一定喜欢；其次，他们不排队的话，对于那些排队的人而言是否公平呢？

有的人说："送他们一些礼物……"增加成本不说，客户的需求是玩游戏而不是拿礼物，这样能从根本上解决问题吗？

有的人说："这不能怪我们，我们有提示标志，他们没看到是他们的问题……"

我们看看迪士尼的员工是怎么做的吧。

当母子俩正准备离去时，服务人员亲切地上前询问了孩子的姓名，不一会，拿了一张印有孩子姓名的卡片走了过来，郑重地交给孩子，对孩子说，欢迎他到可以玩太空穿梭机的年龄时再来玩这个游戏，到时候拿着卡片直接去玩就行，不用再次排队，因为已经排过了。拿着卡片，母子俩愉快地回去了。

这种处理方法就是一种心理体验过程。站在顾客的立场，通过将心比心，设身处地为对方考虑，充分理解对方的行为与态度，继而有效化解双方可能出现的摩擦。

三、表达自我

联想集团的员工曾经给我讲了这样一个事例：

为了提高会议效率，克服大家时间观念淡薄的陋习，柳传志定了一个规矩，那就是开会迟到罚站一分钟。这个罚站不是简简单单地站着，而是大家停下会议，集体看着你站一分钟，那可真像默哀一样。大家可以设身处地地想想，对于这些把面子看得比天还高的知识分子来说，这个规定还是很有杀伤力的。可是没想到制度公布后，开会迟到的是柳传志的一个老领导。

如果你是柳传志，你会怎么做？罚还是不罚？罚，老领导的面子、自尊怎么挽回？不罚，制度的严肃性何在？在场的其他人怎么看？

柳传志说："现在您站一分钟，今天晚上我到您家去，给您站一分钟。"老领导站了一身汗，柳传志坐了一身汗。

后来柳传志专程到老领导家去站了一分钟。柳传志的做法既维护了公司管理制度的威严，又维护了领导的尊严，更使对方体谅到了自己的难处。

对于管理者来说，有时候换位思考就成为考验领导力的试金石，特别是在触碰到自己的利益、影响到自己的立场、挑战到自己的权威的时候。不过，换位思考说难也不难，只要摆正心态，只要有决心，你就一定能学会换位思考。

第四节
怀有一颗包容心

有一次出差,我看到客户墙上的目视体系中有这样几句话:太阳光大、父母恩大、君子量大、小人气大。董事长说这是提醒所有动不动就乱发脾气的管理者的,包括他自己。看来爱对下属发脾气是许多管理者的通病。

有人认为,包容就是迁就别人,丧失自我,丧失原则,过度同情。其实,这是一种误解。我们这里所说的包容并不是指迁就、纵容,并不是就此丧失自我判断的底线和原则。人,生而不同,对每件事情的看法也千差万别,不过这往往并没有好坏对错之分,可能只是看待问题的角度不同而已。正因为如此,我们才更需要拥有一颗包容心,去相互理解和包容,以做出客观判断。

一、对待下属要宽容

作为中层管理者,当下属出现非原则性错误时,不要上纲上线,而要给下属一个改正的机会,这也是领导魅力的体现。金无足赤,人无完人,每个人不可能一辈子都不做错事,对于那些不违反原则、无关紧要的小事,我们应该给别人一个机会,给别人一个面子。这样,别人才会感激你的理解、包容和大度,继而记住这次教训,提高自己的能力和素质,避免再次出现类似的错误。由此也才更能体现你心胸宽阔、坦荡容人。

话说在北宋时期，有两位武将，一个叫孔宁正，另一个叫王荣，他们在战场上屡建战功，赢得了士兵的拥护和皇上的信任。一天，宋太宗设宴款待这两位功臣，可没想到他俩居然喝"高"了。酒后言语难免失控，就开始自吹自擂上了，就连旁边的侍从都看不下去了，认为他俩太有失礼仪，请宋太宗治他们的罪。可宋太宗假装不知，令人送他们回家。第二天，这两位功臣酒醒之后，想到酒后失态，非常惊恐，急忙上殿请罪。宋太宗却说，当时他也喝醉了，记不清他俩讲了些什么，让他们不必放在心上。二人感到皇上如此的宽宏大量，更觉自己应该谨慎行事，忠心耿耿为皇上效力，保卫边疆的安宁。

二、正确面对差异

为人处世，除了包容下属的过失，当同僚提出异议时，也不要显出轻蔑和恼怒，更无须大动肝火、睚眦必报。有一些人，不斤斤计较个人得失，襟怀坦荡，因为他们持着"以和为贵"的处世态度。

宋代的吕蒙正胸怀宽广，气量宏大，有大将风度。每当遇到与人意见不同时，他必定会动之以情，晓之以理。皇帝对他很是信任。吕蒙正刚刚入朝为官的时候，有一个官员指着他说："这个人也能当参政吗？"吕蒙正假装没听见，付之一笑。他的同伴为此愤愤不平，要质问那个官员叫什么名字。吕蒙正马上制止他们说："一旦知道了他的名字，就一辈子也忘不了，不如不知道的好。"当时在朝的官员也佩服他的豁达大度。后来那个官员亲自到他家里去致歉，并结为好友，相互扶持。

三、心胸要宽广

当你的做法被领导误解，对你妄加指责时，作为中层管理者，你还要有受得了委屈、吃亏是福的心态。

《贞观政要》里有一个有意思的故事，讲唐太宗跟魏征发牢骚，说他以前给老百姓做了这么多的贡献，但是底下骂他的人还是有，让他很生气。魏征跟他说：你要做好皇帝就得有这个思想准备，你要是做好了，老百姓会说这是风调雨顺，是上天给的；做得不好，老百姓就要埋怨皇帝没做好，就要骂你。你要想做皇帝，就要受这个委屈，要不你别干。唐太宗想了半天，决定还是要做好皇帝。

这与做个好的管理者道理是一样的，想做事业你就要能受委屈。

马云也说过："男人的胸怀是委屈撑大的，多一点委屈，少一些脾气，你就会更快乐。"因为快乐不是得到的多，而是计较的少。

"量小失众友，度大集群朋。"沟通最大的问题是差异，差异有本能差异、环境差异、信息差异和认知差异等。对于那些没有是非对错之分的差异，我们可以不接受，但要学会包容他人，心怀宽容之肚。不能要求所有的事情都以自己的观点、立场为标杆，正所谓"和则生物，同则不继"。

作为中层管理者，要想赢得认可，扩展人脉，就要胸襟宽阔，度量恢弘，学会正视差异、理解差异、容忍差异、接受差异、欣赏差异、善用差异、引导差异，以一颗包容心来为人处世。

第五节
树立双赢心态

我们先来看一则有关天堂和地狱的问题讨论：

上帝对一个人说："来吧，我让你看看什么是地狱。"

他们走进一个房间，屋里的一群人围着一大锅肉汤。每个人看起来都营养不良、绝望又饥饿。

他们每个人都有一只可以够到汤锅的汤匙，但汤匙的柄比他们的手臂还要长，自己没法把汤送到嘴里。他们看上去是那样悲苦。

"来吧，我再让你看看什么是天堂。"

上帝把这个人领入另一个房间。这里的一切都和上一个房间没什么不同，一锅汤，一群人，一样的长柄汤匙，但大家都在快乐地歌唱。

"我不懂，"这个人说，"为什么一样的待遇与条件，他们很快乐，而另一个房里的人们却很悲惨？"

上帝微笑着说："很简单，在这儿他们会喂别人吃饭。"

在这个世界上，每个人的存在都不是孤立的，而是与周围的许多人有着密不可分的关系。在自己力所能及的范围内多给予别人一些关怀和帮助，你也会得到别人的关怀和帮助，从而使氛围和谐融洽。如果谁都不愿意去帮助别人，最后的结果就会像"地狱"一样悲惨。

这就是双赢。

俗话说："利不可赚尽，福不可享尽。"对于客户与企业来说，应是客户先赢企业后赢；对于员工与企业来说，应是员工先赢企业后赢。双赢强调的是兼顾双方的利益。如很多企业谈及使命时都会提及服务客户、成就员工、回报社会等，这体现的就是双赢甚至多赢。

"世界上没有永恒的朋友，只有永恒的利益"。如果你需要对方提供支持、帮助、理解，那么一定要树立双赢及多赢的心态。不应只从自我利益的角度出发，认为别人都是理所应当的；而是从这件事情能给对方带来的价值出发去与之沟通，使对方和你形成一个利益共同体，这样他就不是帮你了，而是帮你就是帮自己。这样的出发点和结局与友情出演、纯属帮忙就完全是两码事了。

双赢的精髓是以合作代替不必要的竞争，双方群策群力，从而创造更多的成果。

"将欲取之，必先予之"的道理大家都明白。要想在沟通中树立双赢心态，你需做到三"给"：

第一，给面子。人都要面子，尤其是中国人。你先把对方的"面子"给足了，对方就会给你足够的"里子"。在中国，给面子的沟通和不给面子的沟通，效果大相径庭。什么叫面子？面子是一定要有第三个人存在才有的，两个人之间不存在太大的面子，人越多才越要给足对方面子。

第二，给台阶。沟通中一定要给对方台阶下。有时沟通达成共识是一个相互妥协的过程。如果谁都不愿意退一步，往往就会使沟通进入无谓的争辩中，更不要说实现合作了。如果在争辩中你被击败了，张口结舌、无言以对，难免会被人奚落、耻笑、挖苦，那说明你是彻底失败了；如果你把对方的观点批得一无是处，使其无地自容、窘迫难堪，那也不能说你就胜利了。也许你自鸣得意，以胜利者自居，但你伤害了对方，不给对方任何台阶和退路，他会对你不满、怨恨你，会在另外的场合出你的丑，那真是"有仇不报非君子"。郑板桥的精辟联书"聪明难，糊涂难，由聪明而转入糊涂更难；放一著，退一步，当下心安，非图后来福报也"，可谓一语中的，令人警醒。

第三，给利益。在沟通之前，你必须想清楚即将沟通的这件事能够给对方带来什么价值。带着想好的价值清单去与之沟通，效果才可能事半功倍。

"心态决定命运"。有双赢心态才能活出双赢的人生。中层管理者在沟通中要用心找到双方的共同点、问题的折中点，使敌人成为朋友，对手成为伙伴，达到没有输家的真正双赢。

在工作的环境里，你要经常提醒自己是否有明确的价值导向，对于那些不符合价值导向的人，有无明确的说法和相应的做法。

其实，每个人的心里都有一面镜子，但镜镜不同：

有些人是照妖镜，只看到别人的缺点，从来不照自己的嘴脸；

有些人是显微镜，只会把生活中的琐事无限放大，忧心忡忡地去面对生活；

有些人是望远镜，只会看遥远的景色，却不懂得珍惜当下；

有些人是太阳镜，只会用一种色彩去看世界，不愿接受多姿多彩……

你要哪一面镜子？

我的理想是：

常常把照妖镜转向自己，做个善于反省自我的人；

学会用显微镜面对工作，做个善于欣赏他人的人；

坚持用太阳镜迎接调整，做个乐观、豁达的人；

定期用望远镜观测未来，做个眼光长远会双赢的人。

反思沟通的过程，你会发现这就是一面镜子，透过这面镜子，你能清楚地认清自己的心态，适时调节，以正确的心态去与周围的每一个人高效沟通。

第三章

扫除沟通的思维障碍

- 你是不是会本能地把提出异议的人归为你的对立方?
- 对于你的观点,对方是欣然同意还是迅速转为对抗状态?
- 下属提供的信息,是客观事实,还是曲意逢迎?

思维是沟通的基础。任何一个有目的的沟通皆始于自我。因此，自身的思维方式是影响有效沟通的重要因素。

每一个人都有自己的思维方式，久而久之，思维方式就会固化成思维定式。思维定式又称"习惯性思维"，是指人们按照既有的、习惯的、比较固定的思路去考虑问题、分析问题。这种习惯是按照积累的思维活动的经验教训和已有的思维规律，在反复使用中所形成的比较稳定的、定型化了的思维方式。

尤其是成年人，很容易不由自主地按照既有的思维习惯去判断事物、解决问题。这也是为什么有时让大人百思不得其解的问题到了儿童那里就易如反掌了。

有这样一道测试题：

一位公安局长在路边同一位老人谈话，这时跑过来一个小孩，急促地对公安局长说："你爸爸和我爸爸吵起来了！"老人问："这孩子是你什么人？"公安局长说："是我儿子。"

请问这两个吵架的人和公安局长是什么关系？

就这一问题，在100名被测试者中只有两个人答对了！后来，问到一个三口之家这个问题，父母没答对，孩子却很快答了出来，"局长是个女的，吵架的一个是局长的丈夫，即孩子的爸爸；另一个是局长的爸爸，即孩子的外公"。

面对如此简单的问题，为什么那么多成年人反而不如孩子呢？这就是思维定式所起到的作用。按照成年人的经验，就会想当然地认为公安局长应该是男的。如果按照这个思维起点去推理，自然很难找到答案。而小孩子没有这方面的经验，也就没有思维定式的限制，因而一下子就找到了正确答案。

思维定式是一种按常规处理问题的思维方式。在环境不变的条件下，它可以省去许多摸索、试探的步骤，缩短思考时间，提高效率，使人能够应用已掌握的方法迅速解决问题。据研究统计，在日常生活中，思维定式可以帮助我们解决每天碰到的90%以上的问题。然而大量事例表明，这个世界唯一不变的规律就是"变"。因此，思维定式也存在一定的消极方面，对目前需要解决及未来需要屏蔽的问题具有较大的负面影响。

当一个问题的内外部条件发生质的变化时，思维定式会使人们形成思维惰性，故步自封、墨守成规，不愿进行新的尝试，难以出现建设性的创新思维，故而很难形成新突破。因此，固有的消极思维定式就成了思维开放性和灵活性的羁绊，造成思维僵化和呆板。这样就很难接受具有建设性或创新性的观点和建议，同样也就成为沟通的障碍。

在沟通中我们特别需要屏蔽两种思维习惯：一是以自我为中心进行考虑，具体的表现行为就是自私、自我、自大；二是从片面的角度进行考虑。这两种思维习惯分别会产生对抗性思维和局限性思维。下面我们就来具体看一下这两种思维方式。

第一节
克服对抗性思维定式

一、认清对抗性思维定式的危害

对抗性思维定式源于以自我为中心的思维习惯。过于迷信自身思维方法的管理者往往是强势的管理者，习惯于以静态思维面对各种变化。久而久之，这类管理者非但不了解别人，甚至不了解自己，不了解自身与现实的差距有多大。

有对抗性思维定式的管理者通常既主观又武断，缺乏客观、公正、公平的态度。他们既不能正视自我，也不愿正视他人，更谈不上设身处地站在对方的角度考虑问题。面对这类管理者，下属出于自身利益和前途考虑，传递的信息可能更倾向于和管理者的愿望一致，以求明哲保身。管理者接收了此类"既定"的信息后，在一定程度上进一步强化了自己的认知模式。长此以往，沟通就陷入了一种恶性循环之中。管理者更固守于自我的思维，下属更热衷于传递领导爱听的信息，最终的结局只能是决策错误百出，导致组织分崩离析。更可悲的是，面对这种困局，管理者自身甚至还未意识到到底是哪个环节出了问题。

很多习惯了以自我为中心来思考问题的管理者，会本能地将与自己想法不同的观点、思路等统统认定为是错误的，是自己的对立面，而去抗拒、排斥。同时，由于较为强势，他们通常不注意言辞表达，往往会伤害他人的自尊，以至于出现对抗情绪和行为。

下面这段对话发生在一家大公司的两名中层管理者之间。阅读完后，请你回答下面提出的问题。

甲：昨天与张总沟通得怎样？

乙：别提了，提起来我就一肚子的火。

甲：怎么了？

乙：不但没达成共识，还差点吵了起来。我觉得他提的一些建议完全不靠谱，最令人生气的是他把我的方案全盘否定了。

甲：全盘否定？不至于吧，他怎么说的？

乙：他说不具可行性。

甲：你的方案我看过，我觉得里面还是有些亮点的啊！

乙：所以我觉得他这是对人不对事，是对我进行人身攻击。我认为我的方案很好，要知道，我对这个方案投入了多少精力。这不但是对我自尊心的打击，更是对我能力的侮辱！

甲：这事要是落到我头上，我也会恼火的。

乙：我怀疑张总是否对我有什么意见，否则我不明白他为什么要这么做。

甲：不具可行性的说法也太笼统了。他具体指出哪些地方有问题了吗？或者你有没有要他指出具体问题在哪里呢？

乙：没有，当时一听他对我方案的评价，我就很来气。这个方案花了我很多的时间和精力，怎么就一无是处了呢？所以我也没有让他说出更多的想法，其实，当时他再说什么我也听不进去了。

甲：那接下来你准备怎么办呢？

乙：唉，能怎么办，等我消消气再说吧。

甲：我觉得你还是找个机会主动和张总沟通一下吧。你再详细说明一下你的思路，关键是听听他的具体想法。这件事不能就这么晾着啊！

乙：也是，否则我还不知道怎么修改我的方案。其实，我觉得我也有问题，当时表现得有点冲动了。

问题：
① 此次甲和张总沟通失败的核心问题是什么？
② 你认为哪些话可能会让对方产生对抗心理，从而产生抗拒行为，导致谈话中止？
③ 如果要解决甲的问题，你有什么建议呢？

大家不妨对号入座，看看自己在日常的沟通中，是否也经常出现这样的问题呢？

中层管理者有时注重的仅仅是把信息传递出去，而忽视了信息接收者的感受，一些极端的措辞往往让对方迅速穿上铠甲、拿起武器进入对抗状态。其结果就陷入了"我对你错"的辩解中，忽略了沟通的本源，也就提不出什么有建设性的内容。这显然无法实现有效沟通。

这样的思维定式有时不仅影响个人，也会左右组织。尤其是处理危机事件时，由于涉及多方利益，采用对抗性思维还是和合思维，其结果可谓是天壤之别。

任何一场重大的危机背后必然集结着各种利益冲突、舆论谴责、情绪对抗等问题，如何对这些问题进行有效梳理，如何找到危机的核心所在并有效化解，这是决定危机管理、舆情管理能否成功的关键。

最近各种安全事故频发，有些甚至影响非常恶劣。这些问题对于企业而言无疑是最大的危机事件。那么，当企业出现危机事件后，应该采用怎样的思维路径呢？

我们知道，大部分时候，人是情绪化的动物。面对外界的信息刺激，人往往首先表现出一种"应激反应"，而非依靠理性和智慧冷静对待。

企业也一样，因为所谓的"企业行为"，归根到底都是"企业人的行为"。于是，当突发危机来临时，我们看到有的公司试图用沉默来逃避真相，有的公司发表一封封狡辩的声明……这些在外人看来十分愚蠢的行为，往往比危机本身更大地激起了外界的愤怒和声讨；这些所谓的"自我保护措施"，甚至比危机本身对公司利益的伤害更加严重。可是，同样的滑稽戏却一再上演。

实际上，公司此时最急需的是人，特别是决策人和发言人转化"对抗性思维"的能力：其实只要不把各方的位置和利益完全放在矛盾的两个极端，就能马上知道此时此刻公众、政府、客户最需要的是什么。给他们最需要的，才是解决的王道。

二、转换思维，克服对抗性思维定式

作为中层管理者，克服以自我为中心的对抗性思维定式，需要做好两个转换：

第一，转换心态，即由"本位心态"转换为"换位心态"。

转换心态是克服对抗性思维定式的前提条件。具体内容在前一章已经详细论述，在此不再赘述。

第二，转换思维，即由"对抗思维"转换为"和合思维"。

在中国的传统文化中，"和"是一个非常重要的概念，它是指一种有差别的、多样性的统一和容纳，因而有别于"同"。也正是由于这种统一和容纳才产生了世间万物。比如，美味佳肴是酸、甜、苦、辣、咸调和在一起,达到一种五味俱全的效果;悦耳的音乐,是将宫、商、角、徵、羽巧妙配合在一起,达到一种五音共鸣的效果。

和合辩证思维产生于先秦时期。和合就是"和而不同",将对立的双方或不同的元素、观点、立场进行统合的过程,而不是简单的是与非、对与错。否则,一方面你很难听到真实的声音,另一方面你更不可能获取建设性的意见,这样就只有一个结果,那就是你自己把通往进步的大门给关上了。

简言之,中层管理者必须克服以自我为中心的思维定式,树立和合思维。这是克服对抗性思维、解决冲突的最佳方式。

第二节
克服局限性思维定式

一、认清局限性思维定式的危害

我们都知道盲人摸象的寓言,摸着大象耳朵的人怎么也不会相信大象像柱子,摸着象牙的人打死也不相信大象像一堵墙。当然,作为中层管理者,我们对事情的看法和判断往往不是通过肉眼,而是通过思维。可是,即使是这样,很多人还是会犯盲人摸象的错误,往往只看到事情的一个方面、一个角度就言之凿凿了。正是因为双方的思维不在一个维度上,没有办法沟通,所以只能掐架。对于这种情况,用俗话说就是"鸡同鸭讲",书面语叫"对牛弹琴"。

我们先看看以下几幅图片：

上面这幅图既可以被看成一个花瓶，也可以被看成两张面孔。如果你把目光聚焦到白色部分，那你看到的就是一个花瓶；如果你把目光聚焦到黑色部分，那你看到的就是两个相对的面孔。

再看看下面这幅图，你是看到了老太太呢，还是看到了美丽的少妇？有的人干瞪眼也看不见少妇，有的人满眼就是少妇，绝对看不出老太太。

还有下图中的这只兔子，如果把这幅图逆时针旋转90°，它还是一只兔子吗？

将小兔子逆时针旋转90°后,你会惊讶地发现,小兔子变成了小鸭子。

种种现象表明,同样的东西换个角度看,可能就会发生质的变化,所以请从局限性思维中跳出来吧。

二、采用平行思维,克服局限性思维定式

为了避免局限性思维所带来的片面性,你应该掌握平行思维的方法。即在同一个时间,从同一个角度或同一个层面看问题,然后再多变化几个角度。大家互通有无,距离事物的整体和本质就越来越近了。

平行思维是爱德华·德·波诺博士首先提出来的,是指从不同角度认识同一个问题的思考模式。当人们运用平行思维思考问题时,便能够跳出既有的认知模式和心理框架,打破思维定式,通过转换思维角度和方向来重新认识事物。运用平行思维,能够拓展人们的视野,促使人们进行创造性思考和建设性思考,帮助人们看到更多解决问题的可能性。

可见,平行思维是一个管理思维的有效方法。它将你的思维从不同的角度进行分解,分别进行考虑,而不是同时考虑很多因素。这样就不容易出现混乱和冲突,尤其是涉及群体讨论和沟通时。

所以说,中层管理者如果能运用好平行思维,就可以避免把时间浪费在无谓的争执上,降低沟通成本,提高创造力,解决深层次的沟通问题,唤醒团队协同思考的能力。

下图所画的这个图形是具有双重形象的,这是人们第一次提出思维转

换的概念。

由此可见，思维转换不是不可能，而是愿不愿意的问题。你应该尽可能屏蔽各种思维障碍，通过平行思维进行系统思考。

系统思考是彼得·圣吉在《第五项修炼》中最为推崇的一项修炼，是"看见整体"的一项修炼。他提倡用整体的眼光看问题，不只看到问题的表面现象，还要看到问题所在的整个系统。不能只见"树木"不见"森林"，也不能只见"森林"不见"树木"，正确的方法应该是既见树木又见森林。

那如何进行系统思考呢？对此，一要防止分割思考，注意整体思考；二要防止表面思考，注意本质思考；三要防止静止思考，注意动态思考。

不过，一个人的思维能力是有限的，为了更好地突破自我局限性思维，通用电气的"群策群力"是很值得借鉴的做法。

在《杰克·韦尔奇自传》中有这样一段话：

在韦尔奇快要结束讲话时，他称"无边界"这一理念会把 GE 与 20 世纪 90 年代其他世界性的大企业区别开来。对于这一前景韦尔奇并非大言不惭。他预想中的无边界公司应该将各个职能部门之间的障碍全部消除，工程、生产、营销以及其他部门之间能够自由流通，完全透明。

韦尔奇坚信，无论何时何地都会有给出好想法的人存在，而当务之急是设法把他找出来，学习之，并以最快的速度付诸行动。无边界行为的目的就是"拆毁"所有阻碍沟通、阻碍找出好想法的"高墙"。它是以这些理念本身的价值，而非依照提出这些理念的人所在层级来对其进行评价的。韦尔奇决心要做的，就是铲除所有阻碍沟通的障壁。GE也一直通过群策群力的方法大规模地清除企业的边界。

通用电气（GE）的"无边界"就是通过扫除部门间的壁垒、突破个人思想的局限，从而保证组织的智商高于个人的智商。

有个成语叫"万寿无疆"，反过来说也是很有道理的，即"无疆"才能"万寿"。很多企业都把"做百年老店"、追求"基业长青"作为组织的愿景。然而我们的企业是否具备打破壁垒的体制？我们的中层是否有突破自我的胸怀呢？

事实证明，只有开始意识到思维定式对自己产生的负面影响，并开始主动转变自我的思维模式，抛开对抗性和局限性的思维习惯，建立系统的思维方式，你才能进一步扫除沟通中的障碍。

第四章

扫除沟通的技巧障碍

- 召开重大会议前,你有没有预设气场?
- 提请决策时,你意识到要和领导保持信息对称了吗?
- 怎样才能让对方听得津津有味,而不是味同嚼蜡?

交谈是沟通的主要方式之一。交谈的时间有长有短，交谈的内容有深有浅。但对于交谈者来说，无论交谈的时间是长是短，交谈的内容是简单还是复杂，都是为了寻找一个最有效的方式，以求达成协议，很好地解决问题。要达到这个目的，掌握沟通时的一些技巧是很有必要的。

第一节
预设气场

一、预设气场，实现沟通目的

沟通的开端是什么呢？有人认为沟通是以开始说话为起点的。实践证明，在某些情景下直来直去地沟通，效果未必令人满意。因为沟通不是将信息输送到对方的耳朵里，而是输送到对方的心里。所以，为了顺利地实现沟通目的，有时你要先在对方的心里松松土。这和农民为了使种子能够成活、发芽，种庄稼之前先耕地是同样的道理。

1895年甲午一战，李鸿章苦心经营20年的北洋海军全军覆没。对于李鸿章而言，甲午战败是他一生的耻辱，熟悉外交事务的李鸿章不得不听从岛国晚辈伊藤博文的摆布（如下图所示）。在谈判现场，李鸿章面窗而坐，透过窗户看到的是冒烟的军舰，这是伊藤博文的用心安排。谈判尚未开始，营造的气场就把强大的压力传递给了李鸿章，签订的《马关条约》也成了他一生最大的耻辱。

由此可见，气场的营造往往会传达出语言难以企及的效果。

二、视情况预设气场

作为中层管理者，在日常管理中，哪些情况下特别需要预设气场呢？显然是沟通可能会遇到阻力或抵触时，比如执行重大政策、进行重要商务谈判、人事调动、提出批评、发表相反意见等；或者希望通过预设气场产生化学反应，强化沟通力度，比如重要会议开始前。

1. 当沟通可能会遇到阻力时预设气场

作为中层管理者，当你要推行一项改革举措或者推动管理创新时，往往由于与以往的思维习惯、行为习惯、利益链条产生冲突而遇到各种阻力或抵触。如果你忽略了这些因素，强行推进，往往会遇到更大的反弹，其结果就会骑虎难下或不了了之。这时，预设气场就显得尤为重要了。

联想的文化建设经历了螺旋上升的过程。一方面，转变文化导向是为了符合战略发展的需要，是不得不为之的；另一方面，这种转变触及了思维的转换，可谓难上加难。但是，联想的管理人员通过预设气场，使员工由被动推行变为主动执行，顺利完成了文化转型。

1999年以前，联想全公司上下都在强调"严格、认真、主动、高效"八个字，已经把"严格文化"推行到了极致。凡事讲规则、讲制度、讲流程、讲服从，动不动就是"工作四原则、沟通四步骤"。

后来，随着越来越多的年轻员工加入联想，管理制度开始显得刚性有余，柔性不足，人与人之间的关系过于紧张。另外，联想的组织已经进入了矩阵管理。这使得一个人有两个甚至三个老板，相互之间都需要协调配合，部门之间平行配合也越来越频繁。尤其是随着国际化战略的起步，联想需要开放、兼容、相互欣赏、协同的文化氛围。

2000年，联想在誓师大会上，将"平等、信任、欣赏、亲情"四个方面进行了细致阐述，之后，联想开始了亲情文化建设。

为了使亲情文化顺利入脑、入心，尽早转化成员工行为，联想实施了"无总称谓制度"，即同事之间称谓不带"总"。当时很多员工都不适应，"差不多过了半个月谁都改不了口，或者干脆不叫了"。这让联想文化建设部门的负责人犯了难。

联想随后将原来的"倡议"改为"规定"，要求全体高管每天早上在本办公楼门前戴个牌子和人握手，迎接每位上班的员工，牌子上写着"请称呼我××"。此活动一直延续到员工能很自然地、习惯地使用"无总称谓"为止。通过"无总称谓",联想"平等、信任、欣赏、亲情"的企业文化得以更好地传递。

如上图所示,联想的"无总称谓制"淡化了层级观念,营造了平等、兼容、欣赏的文化氛围,可以说这就是联想为推行"亲情文化"预设的气场。

这样的例子还有很多,如海尔刚刚推行"质量无缺陷"、"有缺陷的产品就是废品"的质量观时,对于当时习惯将产品的质量分为特等品、一等品的海尔人来说,大家很难接受。一场"砸冰箱"事件砸醒了海尔人的质量意识。这都是预设气场、营造氛围所带来的力量。

2. 对员工提出批评性意见时预设气场

作为中层管理者,当你要对员工提出批评时,或与绩效不佳的员工进行绩效面谈时,为了使员工很好地接受并改正,预设气场有时也是很有必要的。这不但能减少批评带来的负面影响,还能展现领导魅力。

沟通的时机、地点、语气等都是预设气场要考虑的因素。预设气场要根据下属的特点选择沟通的最佳地点、最佳时机、最佳方式。比如，是在办公室还是找一个幽静的咖啡厅？是在工作时间沟通还是利用下班时间沟通？是直入主题还是循序渐进？你要通过这些铺垫来营造一个氛围宽松的沟通空间，让双方有准备地进入主题。这会让下属更容易接受你的观点和主张，认识到问题的严重性，从中吸取教训。

3. 重要会议开始前预设气场

美国前国务卿奥尔布赖特的"胸针外交"非常有名。纽约艺术设计博物馆还特意为奥尔布赖特的200余枚胸针做过展览，每一枚胸针背后都有一段外交故事，而每个胸针都是奥尔布赖特用心营造的沟通气场。萨达姆政权抨击她为"毒蛇"，她就在伊拉克会议上戴一枚金色蛇形胸针；谈判遇到"钉子"，她就挂一个小蜜蜂胸针。在接受中国记者采访时，她多次强调中美两国要沟通、交流，而她佩戴的青花瓷胸针的图案，正是两人在四目相望，促膝谈心。

我们知道会议是企业重要的沟通手段。因为很多信息需要通过会议传达，很多问题需要通过会议讨论和决策。所以企业每天都要举行大大小小的会议。管理学家彼得·德鲁克说："我们之所以碰头，是因为要想完成某一项具体工作，单凭一个人的知识和经验是不够的，需要结合几个人的学识和经验。"在信息急剧膨胀、竞争愈加激烈的商业社会，企业尤其需要通过会议实现互相合作、分享信息、达成共识的目的。

几乎所有的企业都开会，但未必所有的企业都会开会。企业的中高层管理者有一半的时间都在开会，然而很多企业的会议系统都面临各种各样的问题，有的甚至成了公司上下挥之不去的烦恼，说起开会就头疼不已。例如，有些事情根本没有必要拿到会议上来讨论、解决；有的例会流于形式,而且无关人员也必须参加,导致时间被大量浪费;有的临时性会议较多,经常干扰既定的工作计划;等等。企业大多低估了会议成本,因而也就低估了会议失败的代价。无效的会议不仅浪费时间、精力,有时还会影响组织氛围。

成功的会议绝对不是一种即兴行为,而是充分策划和科学运作的结果。怎样把会开好,与企业的组织氛围紧密相关,同时也有一定的规律可遵循。成功的企业会议有这么几个特征:会议氛围恰如其分,与会各方达成共识,会议结果具体有效,会议决定得到落实。

如果按照会议的形式来划分,在企业管理中,除了例会外,还需要在特定的时间召开其他各种会议,比如研讨会、共识会、务虚会、答谢会、表彰会、誓师会等。

这些会议往往解决的不是今天的问题,而是未来的问题,甚至是关乎企业生死的问题。因为从会议的目的来看,多为把握趋势、确定方向、统一思想、激励员工等。因此会议的效果就尤为重要。

作为中层管理者,策划会议、主办会议、主持会议可以说是工作中很重要的一部分,也是体现能力的关键时刻。中层管理者应该掌握高效会议的关键原则,尤其是通过气场的营造,将决策层定的会议的"调子"淋漓尽致地彰显出来。

"好的开始是成功的一半",开会前的准备工作就显得非常重要。导致会议失败的原因很多,比如会议缺乏目的,会议流程和参会人员不合适,缺乏与会议主题吻合的氛围、时机、地点等。为了能够达到既定的目标,在召开重要会议之前,就需要进行必要的气场营造。具体说来,会议举办方需要综合考虑到以下几个方面:

(1)渲染主题

渲染主题主要是指提前进行相关的宣传活动。现在,许多企业在一些重大会议召开前的很长一段时间就开始举行相关的主题宣传活动，如讲座、征文、比赛、相关海报和视频的制作等。尽管会议还没有开始，人们却早早地就感觉到了会议的氛围。

（2）选择会议地点

会议能否成功，会址的选择是关键。一旦会址被选定，整个会议的基调也就被奠定下来了。虽然如何根据会议内容选择会址并无具体的规则可循，但是，在选定会址前首先要考虑的就是会议的目的、主题和内容。

比如，以上列举的几类会议尽可能不要在公司内部的会议室召开。这样虽然会增加预算和时间成本，但可以使参会者尽可能屏蔽日常琐碎事务的干扰，全身心地参与到会议中来。通常情况下，研讨会、务虚会要选择环境幽静、适宜拓展思路的场所；答谢会、表彰会等与休闲娱乐有关的会议要选择旅游胜地和度假村，或者其他有多项娱乐活动的场所。

（3）会场布置

会场的座位、条幅、背板、灯光、音乐等都会对会议效果产生重大的影响。

比如研讨会、务虚会应营造宽松、平等的氛围，座位应以小组讨论或圆桌的形式摆放，不要让任何一个参会者有"旁观者"的感觉。否则很有可能导致与会者不便发言或不愿发言，最终还是老板"一言堂"。

会议室则最好以蓝色为基调，如选用蓝色系的窗帘、椅子、会议记录本……色彩心理学告诉我们，看到蓝色的东西，人们会觉得时间过得很快，从而产生赶快将会议进行完的急促感。

（4）设计会议流程

这里所说的会议流程绝非仅仅指什么时间由谁来发言，而是强调3点，即前有破冰、中有茶歇、后有仪式。

首先，会前有破冰。这个叫法起源于冰山理论，冰山理论是指人就像一座冰山，显现的意识只占了很小的部分，而更大的部分是潜在的意识，或者说是不容易被分辨的意识。破冰就是把人的注意力引到"现在"，这样注意力就无法或者不容易被潜在的意识影响。在重大会议的主要议程开始前设置破冰流程，就是便于参会者放松身心，顺利进入会议主题。如小范围的内部研讨会，可以先请参会人员在设计好的纸片上写下今年或今生最大的愿望，大家互相猜一下，看看是否心有灵犀。这个小活动能迅速活跃会议氛围，拉近彼此的距离。这样的活动有很多，关键是要有意识地设计与会议主题相关的破冰环节。

其次，会间茶歇设计。以上列举的几类会议如果超过3个小时，就需要安排茶歇或茶点时间。这不仅仅是休息、放松的时间，更是会场外很重要的交流、沟通的时间。利用这个时间，参会者可以面对面地交换意见、提问、回答，分享各自的观点，尤其是不便在会上表达的观点或想法，都可在这里进行沟通与碰撞。

最后，会议结束前的仪式设计。通过会议，与会者更多的是传递思想、表达情感，所以增加会议的仪式感，用心、巧妙设计相关的仪式就十分重要，这是产生化学反应的催化剂。如战略研讨会或共识会，在会议结束前为大家提供一个在愿景树前许愿、撰写愿景卡的小仪式，可以将参会人员的感情迅速聚拢在一起。

会议效果的好与坏，反映的是一个企业组织沟通能力的强与弱。一个良好的开端，有时可以让整个会议事半功倍。因此，恰当营造沟通气氛是非常关键的，它是沟通能否顺利展开的前提。

第二节
统一频道

沟通，就是要进入同一个频道，把自己融进去。就像你听收音机一样，先把频道调对，否则听到的都是杂音。

在日常生活和管理中，导致双方不愿沟通或沟通很难进行的原因，往往是双方不在同一个频道上。一个站在体育频道，一个站在娱乐频道，其结果一定是驴唇不对马嘴。所以要沟通，就要进入同一频道，只有在同一个频道，才能实现沟通的共振。

为此，作为中层管理者，当你要做出决策、发动下属，或者要拜访陌生人时，你一定要了解事情的前因后果，做到信息对称；要明了对方的态度，做到有的放矢；要善于创造对话界面，赢得深入沟通的机会。

一、保证信息对称

人类社会已经进入了信息时代，一方面信息传递手段多元化，人们获得信息越来越便捷，另一方面也促成了信息孤岛的产生。大量的信息由于失去了时效性、真实性、全面性而成为垃圾信息，导致信息错位和不对称。

在企业内部，信息不对称造成的负面影响主要表现在，它会在企业各职能部门之间、管理者和员工之间树立起一堵阻碍信息流通的"高墙"，严重影响企业管理的质量与效率。因此，克服信息不对称，加快信息流动，充分利用信息资源已成为一个企业快速发展的重要保证。

我们以提请决策为例，看看信息是否对称会产生怎样的影响。

作为中层管理者，提请决策是你开展工作所必需的，既可以获得领导的支持，同时又是体现个人工作能力的关键时刻。可是在这个过程中，你可能经常会感到痛苦或困惑：上级的决策速度太慢！上级对你部门的工作缺乏足够的支持！上级太不体谅你的难处了！上级对这件事情缺乏足够的重视！

在痛苦或困惑的同时，你是否反思过为什么会出现这种窘况？你有没有考虑过领导的想法呢？你是否了解对于高层而言，决策的主要压力有哪些呢？

其实，这个过程也让你的上级感到很气愤：当时请示汇报的时候这个情况你为什么没有反映？客户反馈的这个重要信息你为什么没有提及？员工对这件事情的态度你为什么没有客观汇报？

他会认为都是因为你提供的信息不全面，才导致这个决策如此被动！因为企业高层在决策时面临的最大压力就是内外部信息不充分，导致决策没有明确的方向和目标。科学的决策需要在收集到足够的信息、仔细分析、合理预测的基础上进行，如果信息不对称，会严重影响决策的速度和质量。而信息的收集过程就是信息被不断汇总、上报的过程，在这个过程中，各种原因都可能引起信息不对称情况的发生。

所以说，作为中层管理者，在提请决策时，你首先要与上级实现信息对称。要做到这一点，一方面是能力的问题，即要提升自己收集信息、分析信息的能力；另一方面是态度的问题，即要坦诚，不要有意屏蔽或隐瞒相关信息，否则你会让上级很生气，后果很严重。

二、明了对方的态度

此处还是以提请决策为例进行说明。如果不知道对方的态度就盲目进行沟通,其结果往往是令人失望的,有时甚至让你一头雾水,都不知道问题出在哪里。

正如本书在第一章所提及的那样:当你把精心准备的工作方案或实施计划报告给上级时,有时领导会说:"研究研究再说吧。"有时可能是劈头盖脸地训斥:"这是什么计划,没头没尾的,把事情的来龙去脉、缘由背景搞清楚再说!"

正是由于每个人在沟通过程中所采取的态度不一样,沟通的结果必然有很大差异。因此,尤其在涉及群体决策或跨部门协调的时候,作为中层管理者,非常有必要从正面、侧面一一了解各自的态度和意愿——俗称拜码头,针对不同的态度采取不同的沟通对策。

第一,强硬性态度。这样的沟通往往缺乏平等的互动关系。面对态度强硬的上级,你需要做到:不要跟上级提条件,而是要自己想办法去创造条件;不要找借口,而要找方法;把合理的要求当成锻炼,把无理的要求当成磨炼。

第二,回避性态度。持这种态度者在请示中既不果断拒绝,也不明确支持,例如分管领导。这时,作为中层的你就要巧妙地将主管领导的态度传递给对方,以便获得更多的支持。

第三,折中性态度。当你需要这种人协助、配合时,尤其是任务具有很高的挑战性或涉及比较敏感的事情时,对方处于明哲保身的立场,会选择折中性的态度,即往往会根据事态的发展,结合自身的立场和利益做出决定,好像在打太极拳,如横向部门的负责人。这时你不但要清楚地传递上级的态度，关键还不能让你的同事感觉是为你干活，要让他明白这是为"我们的目标"干活。除此之外，你还要在上级管理者面前适当地送点人情给同级。

第四，合作性态度。这是非常值得肯定的沟通态度，即便是有些分歧，最终往往也能求同存异。

提请决策需要了解上级的态度，寻求支持同样需要尽可能明了对方的态度。这样你的沟通才能有的放矢。之所以三寸之舌能抵百万之兵，其根本在于知道了对方的态度。

宋美龄是唯一一位在美国国会发表演讲的东方女性。1943年，在中国抗日战争最艰难的时期，宋美龄以中国"第一夫人"的身份访美，并在美国国会发表演说。她这个20分钟的演说，给美国人留下了深刻的印象，成为美国历史上著名的国会演讲之一。

宋美龄的美国之行，主要是说服美国将二战的战场从欧洲转移到亚洲，支持中国的抗日战争。这次出访对抗战后期的中美关系产生了特殊的影响。

如果仔细考察和剖析宋美龄访美的历史背景和美国当时对国民党的态度，就不难理解为什么此次演说能够实现预期的目标了。

究其原因，第一，美国希望自己成为二战的最大赢家，不希望日本在华取得过多的利益；第二，在政治上，美国决心扶植一个亲美的中国，使自己能在战后替代日本及欧洲老牌帝国在亚洲的地位；第三，珍珠港事件激起了美国的仇日情绪。如此种种，表明当时的美国政府是有合作的态度和意愿的。这才造就了1943年的"宋美龄旋风"。

三、创造沟通界面

所谓创造沟通界面,即多方寻找话题,打破尴尬局面,激发共同的兴奋点,创造深入沟通和了解的机会。

我们知道,工作并不再局限于办公室、会议桌,酒桌、茶社、球场等都是重要的商务场所。正所谓"功夫在戏外",有时在会议室签订合同只是履行个手续罢了。在这些场所,有些人能很快成为焦点人物或气氛营造专家,使人过目不忘;有些人只能硬着头皮,像收电费的本山大叔一样,只会说"大家吃好、喝好啊",然后就再无下文了。

与熟人交谈,你自然可以开门见山地引出各种话题。但在和陌生人或相对不熟悉的人沟通时,谈话中要善于寻找或创造沟通界面,并且试探界面的深浅。相互之间了解得多一些,才能缩短彼此的距离,在感情上融洽起来,从而产生信任度和认同感。

寻找的话题好与坏,一方面体现出你的个人品位和生活情趣是否高尚,另一方面还会影响到你与别人交往的深度和广度。挑起话题时,尽量找大家都熟悉的或者感兴趣的,这样大家才能参与进来,才爱谈,才有展开讨论的余地。

有人说"交谈中要学会没话找话的本领"。所谓"找话"就是"找对话的界面"。写文章,定了个好题目,往往会文思泉涌,一挥而就。与人沟通也是如此,有了好话题,才能使谈话顺风顺水。好话题,就像药引子一样,成为沟通的"向导",引导沟通逐步深入,增强"话聊"效果。

那么,作为中层管理者,如何在非正式沟通情景下,在新任领导或陌生客户面前留下深刻印象呢?无疑要学会如何寻找沟通界面。下面介绍一些常用的方法,以供参考。

1. 利用热点话题

面对众多的陌生人,你要善于选择大家普遍关心的热点事件为话题,这样才能把话题对准大家的兴奋中心。这类话题往往是大家想谈、爱谈又能谈的,能够使人人都有话讲,自然就不会出现冷落某些人或冷场的局面了。

2. 即兴发挥

巧妙地因时、因地、因人为题,借此引发交谈。借助天气、地域风土人情、历史典故,或者对方的姓名、年龄、籍贯、服饰等,即兴引出话题,常常能取得意想不到的效果。

也可以寻找自己与陌生人之间的媒介物,以此找出共同语言,缩短双方的距离。例如,你发现客户办公室里挂着一张"九虎图",就可先以老虎为话题做沟通的"药引子",引起对方谈话的欲望。

总之,你要就地取材、思维敏捷,善于观察和发现对方的特别之处,并对此表现出你的好感与兴趣,通过媒介物引导沟通顺利进行。

3. 投石问路

过河前先向河水中投块石子,探明水的深浅后再前进,就能有把握地过河。与陌生人交谈也一样,先提一些"投石"式的问题,有了初步了解后再有目的地进行交谈,效果往往更理想。

"投石"时要注意让对方充分了解自己。交谈是双边活动,光了解对方,不让对方了解自己,同样难以深谈。如能让对方从你的谈话中获取教益,双方的交谈会更加亲近。这符合"互补"原则,也奠定了"情投意合"的基础。

4. 投其所好

问明陌生人的兴趣,循趣发问,能顺利地进入话题。如对方喜爱摄影,便可以此为话题,表现出你对摄影的浓厚兴趣。如果你真对摄影有所了解,肯定会谈得投机;即使你对摄影不太了解,也可把这当做学习的机会,静心倾听,适时提问,借此大开眼界。

5. 赞美对方

人总是喜欢被称赞,无论是年少的孩童还是古稀的老人都一样。不失时机地赞美对方,并且掌握赞美别人的技巧,才能形成融洽的沟通氛围。

首先,赞美必须发自内心,也就是说要真诚。情真意切地赞美别人是最关键的,不要说一些敷衍的话。虽然人们都喜欢听赞美的话,但并非任何赞美都能使对方高兴。能引起对方好感的只能是那些发自内心、符合事实的赞美。相反,你若无根无据、假惺惺地赞美别人,只会让人感到莫名其妙,怀疑你是一个居心叵测、别有用心的人。

其次,赞美别人既要从大处着眼,也要从小处发挥。这样才能显示出你的细心与热诚,因为缺乏热诚的人是不会注意到小细节的。赞美对方的话语越具体,说明你对他的优势和亮点越了解、越看重,就越能让对方感到你的诚恳和可信,从而产生"亲近"效应。

最后,赞美要合乎时宜。正所谓"出门看天色,进门看脸色",赞美别人要相机行事、适可而止,真正做到"美酒饮到微醉后,好花看到半开时",否则就会弄巧成拙。

6. 学会请教

恰如其分地请教是对别人最大的恭维,因为每个人都有好为人师的一面。请教是一种低姿态，它的潜在含义是尊重对方的权威，承认他人的优先地位。中国人非常看重面子，只要你让对方有面子，对方就会让你舒服。

总而言之，积极主动、恰到好处地创造沟通界面，往往能够出现许多"一见如故"的美谈，从而使沟通获得良好的开端，赢得深入沟通的机会。

第三节
恰当表达

为了实现沟通的目的，你应该选择恰当的表达方式和时机。也就是要在合适的地方、合适的时间用最合适的方式告诉合适的人。那么如何才能做到恰当表达呢？

一、简明扼要

要做到简明扼要，在沟通时就要遵循 ABC 原则，即精确（accuracy）、简要（brevity）、清楚（clarity）。

简明扼要地沟通，考察的是一个人迅速捕捉要点并清晰呈现和表达的能力。在信息已经对称、频道已经统一的情况下，作为中层管理者，沟通就要尽可能保持简洁明了。一个复杂的文件或会议纪要，能否将要点提炼在一页纸上？在时间紧迫的情况下，能否 5 分钟内表达清楚事情的前因后果，而不是啰嗦半天也没有表达出主题？这既是一种沟通习惯，又是一种沟通能力。如果说能说会道更多反映的是性格和技巧，那么简明扼要的沟通则是中层管理者高度职业化的标志之一。

在日常工作中，你可能经常会遭遇乏味、冗长的沟通。比如，在很多会议上，发言人经常申请"我再补充3点"，补充起来东拉西扯，动辄耗时几个小时。再如，在某些专项实施报告中，洋洋洒洒十几页文字，纵述宏观经济、人文、地理，只在最后才会提及具体的做法，却缺乏基本的现状分析和详细的计划分解。

显然，这在某种程度上都是缺乏职业训练的结果。高效的职业人士不会这样发言、这样报告，甚至不能接受这样的沟通形式。高效的职业人士需要高效的沟通方式。

对于中层管理者来说，如何才能做到这一点呢？

首先，必须在意识上认同这是一个职业化的标志。如果是闲聊天，那自然无需考虑简明扼要的原则了，但是你面临的是职业化的要求和挑战。

其次，在沟通开始之前，要先想清楚沟通的目标、需要阐释的要点等内容。先说什么，后说什么，一定要提前做好计划。

如果是给出信息，就要明确给出的信息是什么，对方将如何理解这些信息；如果是在战略研讨会上做环境分析，那就需要对整体状况、内外部的优势和弱势等做准确描述；如果是经营例会，就需要准确回顾上一周期的业务完成情况，以及在计划时间内的业务完成走势分析；如果是管理例会，就需要简要回顾前期工作完成情况、下一步的工作计划、面临的问题及所需资源；如果是给出观点，就要明确个人的观点或建议，以及提出此观点和意见的依据、原因。

最后，精炼观点，避免啰嗦。啰嗦的表达不仅是一种习惯，也经常是思维能力和表达能力的问题。如果思想不清晰，缺乏明确的要点，沟通起来肯定头绪混乱。有时即使有要点，可是在表达的过程中，过于想让对方接受自己的信息与想法，或者担心信息传达不透彻，总是拖泥带水地重复。这种情况在口头表述上尤为常见。

很多优秀的企业都提倡简明扼要，他们在这方面的某些做法很值得我们学习和借鉴。

麦肯锡咨询公司的"30秒钟电梯理论"，或称"电梯演讲"，在商界流传甚广，其核心思想就是简明扼要。麦肯锡要求公司员工凡事要在最短的时间内把结果表达清楚，要直奔主题、直奔结果。他们认为，一般情况下人们最多记得住一二三，记不住四五六，所以凡事要归纳在3条以内。

宝洁公司也规定备忘录的长度为一页纸以内，要求尽量精简公司所有的报告文件，以尽可能简练的语言来描述。在宝洁公司随处可以见到这样一条标语："一页纸备忘录。"他们坚持只用一页便笺进行书面交流。宝洁的管理者要求员工不遗余力地将报告的精华浓缩到一页纸上，把问题搞清楚，把事情搞透彻。

时间对于高层管理者而言是最宝贵的资源。作为中层管理者，向上级汇报情况时，要尽可能只写一页公文，只写一个屏幕内的电子邮件，写完之后，要看看是否还能再删去一些废话或没有价值的文字，是否可以再短一些；在给出你的想法与建议时，假设自己只有一分钟的汇报时间；要在观点提炼和归纳上下苦功夫，观点要响亮，归纳要紧凑，最好不要超过3条。总而言之，要尽可能用最短的时间完成有效信息的接收与发送。

二、说别人易于接受的话

"物以类聚，人以群分"，两个风格相似的人沟通时效果通常会非常好；反之，两个风格完全不搭调的人沟通起来经常会出现让人头疼的问题。这时候，你就应该努力适应对方的沟通风格。

沟通风格是行为风格的一个表现。那么常见的行为风格有哪些呢？

P.D.P测评工具[①]告诉我们，人的行为风格通常有5种，分别是精确型（猫头鹰型）、支配型（老虎型）、活泼型（孔雀型）、耐心型（考拉型）、整合型（变色龙型）。我们需要做的就是尊重别人的个性，认同别人的态度，调整自我，适应对方。

1. 精确型

（1）精确型的特征

- 天生喜欢分析，善于观察，注重细节，考虑周密，办事认真、有序；
- 不流露自己的情感，注重个人隐私，面部表情少，说话时手势少，走路速度慢；
- 容易保持沉默，少言寡语；
- 事事喜欢追求完美，强调规则、制度、流程；
- 对日常琐事不感兴趣，但讲究衣着合乎场合；
- 对于决策非常谨慎，过分地依赖材料和数据。

（2）精确型的需求

- 强调安全感，希望万无一失；
- 喜欢较大的个人空间，害怕被人亲近；

---

① P.D.P（Professional Dynametric Program）测评工具是美国南加州大学统计科学研究中心及科罗拉多大学行为科学研究所的发明专利，被誉为全球涵盖范围最广、精确度最高的"领导风格探索诊断系统"，也是目前知名企业在人才招聘及管理上的常用评估工具。本书关于行为风格的分析即参考P.D.P测评结果改编而成。

- 对自己和别人都要求严格,甚至苛刻。

(3) 与精确型的人沟通的要点

- 遵守时间,不要过多寒暄,尽快进入主题,要少说、多听、勤记录,不随便插话;
- 不要过于亲热和友好,尊重他们对个人空间的需求,减少眼神接触的频率和力度,更要避免身体接触;
- 不要过于随便,公事公办,着装正式、严肃,讲话要用专业术语,避免使用俗语;
- 摆事实,并确保其正确性,信息要全面具体,尤其要多用数字;
- 事前做好准备,考虑周到全面,语速放慢,条理清楚,严格照章办事;
- 多谈具体行动和想法,少谈或不谈感受,同时要强调树立高标准;
- 避免侵略性的身体语言。

2. 支配型

(1) 支配型的特征

- 有明确的目标和追求,精力充沛,身体语言丰富,动作迅速而有力,通常走路速度和说话速度都比较快;
- 喜欢发号施令,当机立断,不能容忍错误,不在乎别人的情绪和建议;
- 追求大局在握,争强好胜,喜欢控制局面,办事主动;
- 讲话简洁,切中核心,是个优秀的时间管理者;
- 冷静、独立而任性,以自我为中心,讨厌别人告诉他应该怎么做;
- 虽然也关心别人,但他们的感情通过行动而不是语言表达出来;
- 最讲究实际,是典型的决策者、冒险家。

（2）支配型的需求

- 直接、准确的回答；
- 有事实、有依据的新想法；
- 高效、明显的结果。

（3）与支配型的人沟通的要点

- 直接切入主题，不用寒暄，多说少问，用肯定、自信的语气来交谈；
- 充分准备，实话实说；
- 重点描述行动结果，声音洪亮，加快语速；
- 处理问题要及时，阐述观点要强有力，但不要挑战他的权威地位；
- 从结果的角度谈，而不谈感受；
- 提供两三个方案供其选择；
- 增强眼光接触的频率和强度，身体前倾。

3. 活泼型

（1）活泼型的特征

- 乐于表达感情，表情丰富而夸张，动作迅速，声音洪亮，话多，灵活，亲切；
- 精神抖擞，充满激情，有创造力，理想化，重感情，乐观；
- 凡事喜欢参与，愿意与人打交道，害怕孤独，很容易和其他人融合在一起；
- 追求乐趣，敢于冒险，喜欢幻想，衣着随意，色彩艳丽；
- 友善地引起他人兴趣，乐于让别人开心，是个良好的协调者；
- 通常没有条理，愿意发表长篇大论，时间不规律，多变，精力容易分散。

(2) 活泼型的需求

- 他人的认可和鼓励,热闹的环境;
- 民主的关系,友好的气氛;
- 表达自己的自由;
- 有人帮助实现创意。

(3) 与活泼型的人沟通的要点

- 声音洪亮,热情,微笑,建立良好的关系,充满活力,精力充沛;
- 大胆创意,提出新的、独特的观点,并描绘前景;
- 着眼于全局观念,避免过小的细节;
- 讨论问题反应迅速、及时,并能够做出决策;
- 自己要明确目的,讲话直率,用肯定而不是猜测的语气,注意不要跑题;
- 给他们说话的时间,适时称赞或简单地予以重复;
- 重要事情一定以书面形式与其确认;
- 夸张的身体语言,加强目光接触,表现出积极合作的态度。

4. 耐心型

(1) 耐心型的特征

- 善于保持人际关系,忠诚,关心别人,喜欢与人打交道,待人热心;
- 耐心,说话和走路速度慢;
- 办事坚韧,有较强的自制力;
- 肢体语言少,面部表情自然而不夸张;

- 非常谨慎、稳健，不喜欢采取主动，害怕冒险，只要合情合理，都愿意接受；
- 富有同情心，并愿意为之付出代价；
- 由于害怕得罪人，不愿意发表自己的意见；
- 重视人际关系，强调合作、互助；
- 非常出色的听众，迟缓的决策人，对别人的意见持欢迎态度，善于将不同观点汇总后让各方面的人接受。

（2）耐心型的需求

- 安全感及友好的关系；
- 真诚的赞赏及肯定；
- 传统的方式，规定好的程序。

（3）与耐心型的人沟通的要点

- 热情微笑，建立友好的气氛，使之放松，减少压力感，不要表现出清高的姿态；
- 放慢语速，以友好但非正式的方式，如可以谈谈生活琐事，特别是关于你的个人情况；
- 提供个人帮助，找出共同点，建立信任关系，显出谦虚的态度；
- 讲究细节，多从对方的角度考虑，适当地重复他的观点，以示重视；
- 决策时不要施加压力，不要过分催促，更不要限制过紧的期限；
- 当对方不说话时要主动征求意见，对方说话慢时不要急于帮对方结束讲话；
- 避免侵略性的身体语言。

5. 整合型

所谓的整合型，就是支配型、活泼型、耐心型、精确型 4 种特质的综合体。这类人没有突出的个性，擅长整合内外信息，兼容并蓄，不会与人为敌，以中庸之道处世，以善变为其专长。他们处世圆滑，处处留有余地，行事绝对不会走偏锋或极端，办事让人放心。

所以，你只有了解他人的行为风格，适应他人的沟通习惯，用他人易于接受的方式表达，才能实现良好的沟通效果。

三、提升说话的质感

作为信息的发出者，有时候怎么说比说什么更重要，因此，说话要尽可能有"质感"。有质感就是要有"触摸感"，即把抽象的道理形象化，让对方既能听懂，又愿意听。同样的事情，有的人只言片语就能让人茅塞顿开、如雷贯耳；有的人却越描越黑，让听者味同嚼蜡、不知所云，这就是讲话没有质感所造成的。

1. 要让对方听懂

大家可能都听过这个故事：

从前有个秀才到集市上买柴。他远远看见有一个卖柴的人，就大声喊道："荷薪者过来！"卖柴的人听着莫名其妙，但"过来"两字还是听懂了，又看到秀才招手，便担着柴走过来。秀才问："其价几何？"卖柴的人糊涂了，但"价"字还是听懂了，于是说了价钱。秀才嫌贵，便说："外实而内虚，烟多而焰少，请损之。"卖柴的人听了这句话，不知道秀才说的是什么，转身要走。见卖柴人要走，想到这么冷的天气，没有柴火怎么取暖？秀才急了，一把抓住卖柴人说："你这些柴火表面上看起来是干的，里头却是湿的，烧起来肯定会烟多焰小，价格再便宜点吧！"

在工作和生活中，你是否经常遇到秀才这样的人呢？

所以，为了让对方能听懂，中层管理者还是要克服一些不良习惯。例如，有些人总习惯满嘴冒"行话"，搞得其他人都跟听天书似的。他们不清楚在交谈时哪些内容别人能听懂、哪些内容听起来会很费解。"那些拥有专门技术的人，尤其是技术人员，很容易将对方假定成同自己拥有同等技术知识的专业人士"，这是我们经常听到的抱怨。

我记得曾经有位培训老师要到客户那里去做培训师的培训，我们业内人士通常把这种培训简称为TTT。当他与对方确认时间的时候，对方说培训的时间要推到下个月，因为很多部门需要配备投影仪，公司要进行招标。这位老师很诧异："我们是集中培训，有一台投影仪就可以了，为什么一下要配这么多台呢？"对方更诧异："不是要做PPT的培训吗？"培训老师才连忙纠正说："不是PPT，是TTT，是我们企业培训的专业术语。"这就是行话所导致的沟通障碍。

还有的人讲话时总喜欢中英文混杂，如果大家都有这个习惯倒没有问题，否则为了避免尴尬，还是请讲母语吧。

2. 要让对方愿意听

作为信息的发出者，除了要让对方听懂，还要努力让对方喜欢听你讲话。俗话说"话是开山斧，口是祸福门"，懂得语言沟通艺术的人，能化解矛盾，化干戈为玉帛；不懂得语言沟通艺术的人，则可能会激化矛盾。

为此，中层管理者一定要掌握提升语言表达力的 5 种武器。

（1）把握逻辑结构

逻辑的力量是伟大的，也是一个人思维水平和表达能力的体现。"讲话就是讲思路"，你的思维不能是散乱的，要有良好的思考、推理、论证的能力。对于中层管理者来说，在把握逻辑结构方面你需要掌握一些技巧，比如：

三段论法：即引语、主题和总结。引语就是告诉信息接收者你要表达的内容，目的是让对方提前了解你下面要讲的内容；主题即按照要点顺序和逻辑关联，把相关信息告诉对方；总结就是再次强调你之前讲过的话，目的是回顾和概括所讲内容。

Why/What/How 法：阐明为什么、做什么和怎么做的问题。如公司或部门要推行一项新的举措，你就可以用这种方法告知下属。

两维度法：提取事物的关键因素构成两个交叉的坐标，从而形成四个象限，不同的象限分别代表不同的含义。如下图所示，企业对待不同的员工的态度，其核心要素有两个方面或两个维度：一是德的问题，即是否符合企业文化的要求；二是才的问题，即是否满足岗位需求。这两个维度交叉起来就构成了四个象限，即企业对待四种不同的员工的态度和立场。运用这种表达方法，逻辑结构十分清晰，对方听起来也很容易理解。

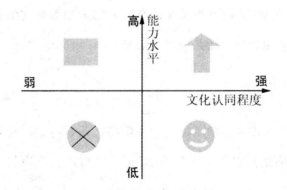

（2）讲故事、打比方

好的沟通者都知道，让人们接受一些东西，一个最有力的方法就是讲故事、打比方。因为让人成熟的不是"岁月"，而是"经历"，而经历就是由若干精彩的情节构成的。从古至今，很多著名的演说家都是擅长通过讲故事、打比方让人心领神会。

1927年的秋收起义失败后，毛泽东在对那些被打散后又重新集结的起义队伍讲话时曾说："我们工农武装的力量还很小，就好比一块小石头；蒋介石现在的力量还很大，就好比一口大水缸。只要我们咬紧牙挺过这一关，相信我们这块小石头总有一天会打烂蒋介石那口大水缸！"

这里，"小石头"和"大水缸"虽然都是普通的东西，但对于工农起义的战士来说，却是再熟悉不过的了。如果用"社会发展的肯定性力量"和"社会发展的否定性力量"分别代替"小石头"和"大水缸"来做演讲，就不那么容易被战士们接受了。

（3）设计精彩的开头和结尾

写文章有"虎头豹尾"的说法，讲话也是同样的道理。7秒钟定律告诉我们，当你第一次出现在别人面前的时候，大家通常判断你是一个怎样的人大概只需要7秒钟，以后的时间，只是不断收集证据去证明、支持当初那个7秒内做的判断而已。可见一个精彩的开头是多么重要。

俗话说"编筐编篓，重在收口"。好的结尾会升华沟通的主题，让信息的接收者感觉余音绕梁，而不是味同嚼蜡、草草收场。

（4）善于提炼主题句

为了使人印象深刻，作为信息的发出者，还要善于提炼主题句，即画龙点睛的语言。点睛之语一方面能够加深对方对沟通内容的记忆，另一方面可以创造沟通过程中的亮点和高潮。

事实上，人们倾听谈话的注意力持续关注度一般是24秒。因此，你要学会总结，将所要表达的意思归结为一个中心，让人过"耳"不忘。

这样的例子不胜枚举。比如，马丁·路德·金在华盛顿特区一次25万人的集会上发表了举世闻名的《我有一个梦想》的演讲，以及奥巴马竞选获胜后发表的"Yes，We Can"的演讲，我们可能忘记了其中的细节，但对这些主题句依然记忆犹新。

某机关有一位非常年轻的局长，事业可谓很成功。他将自己的成功经验归结为"三于理论"：精于业务，勤于总结，善于汇报。对于怎样才能做到善于汇报，他只说了两个字："对路！"

其实，汇报工作是一种能力的体现。有很多中层管理者不善于汇报工作，一来抓不住要点，二来体现不出与别人的不同之处。而这位局长就是一个很善于向上级领导汇报工作的干部。

在还没有当局长之前，有一次，他和很多干部依次向领导汇报工作，排在他前面的十几位干部都比他有资历。为了脱颖而出，得到领导的重视，轮到他发言时，他就自己要汇报的主题，先提纲挈领地说了一句话："出彩不出事。"出彩，就是要有成果；不出事，就是不出问题。这句话，一下子就吸引了领导的注意。哪个领导不喜欢既有成果又不出问题的下属呢？就这样，通过这一句提纲挈领的话，他让领导记住了自己，也为自己日后的发展奠定了一个良好的基础。

实际上，这些都是善于提炼主题的表现，其重要性也可见一斑。作为中层管理者，给上级汇报工作是常有的事，这里面的学问一定要参透。

（5）修炼语气和姿态

除了要考虑说什么之外，你还要考虑用什么语气和姿态说。美国心理学家艾伯特·梅拉别恩的研究结果告诉我们，信息接收者从语气、姿态方面接收到的信息分别占到了信息总量的38%和55%。因此，作为信息的发出者，你还要在目光、面部表情、手势、体态、情绪、仪容仪表方面修炼自我。大家都特别喜欢和目光亲切、声音悦耳、肢体语言得当的人沟通。如果你想成为受欢迎的沟通者，请注意以上几个方面。

综上所述，恰当表达要讲究"五化"，即简单化，明确要点，注重逻辑；通俗化，适合听众，不要曲高和寡；高度化，讲究点睛之笔，耐人回味；生动化，投入感情，进入角色；变通化，调整自我，适应他人。这样才能使自己所讲的话，层次分明，逻辑清晰，推理有据，重点突出，真正达到言短而意长，话少而意精的效果。

第四节
望闻问切

我们知道中医是通过望、闻、问、切"四诊和参"来诊断疾病的。其实，在沟通的过程中，我们也需要做到这四点。

一、望的艺术

"望"即沟通中要有眼色，学会观察。我们在前面讲过，信息传递的途径有很多，语言只是其中之一，很多时候人们是会通过面目表情、肢体语言等来传递信息的。而且有时语言能够欺骗人，但是面目表情、肢体语言往往能够反映沟通者真实的内心感受。

在和别人交谈时，如果你闭上眼睛，什么也不说，全神贯注地倾听，耳朵里只有对方谈话的声音，结果可能会发现你根本没有办法完全体会对方的真正意图。只有睁开眼睛，仔细观察对方这些细微的、无声的语言，你才能更清晰地理解他的想法。

作为一名中层管理者，你要敏锐地捕捉、解读对方的心意，才能顺利完成与上下级的沟通。做一名善于观察的中层，你可以从以下几点去锻炼：

1. 看脸色

脸色是心情和状态的晴雨表。想要从人的面部表情窥探出人的真实想法，诀窍在于分析脸部的几个重要线条：嘴角（上扬或下垂）、嘴型（张开或紧闭）、眉毛（上扬或下垂）、眼角（上扬或下垮）、眼睛（睁大或微眯）、额头（眉毛上扬则额间有横纹，眉头紧蹙则额间有竖纹），这些区域对辨认情绪特别重要。例如，嘴角后伸、上唇提升、两眼闪光即意味着心情高兴，而眉毛紧皱、眼睑和头部低垂、呼吸缓慢微弱则表示内心愁苦不堪。

2. 观姿态

为了保证沟通的效果，你需要充分发掘对方肢体语言的意义，获取有用的信息，对沟通对象做更全面、更透彻的分析。高水平的沟通者在与人交流的时候，即使不开口，也能轻松让别人懂得自己所要表达的想法，就是因为他们非常善于运用那些会说话的肢体语言。

看到这，也许你会提出这样一个问题：肢体语言是否会说谎？

答案是"不会"。因为大脑在进行某种思维活动时，会支配身体的各个部位发出各种微细信号，这是人们不能控制而且也是难以意识到的。也就是说，肢体语言可在人无意识中"说"出实话。由此可见，肢体语言传递出的信息有时比说话更靠谱。

在与人沟通的时候，你往往可以通过观察对方的肢体语言，来判断他的接受程度和对自己的态度。作为信息的发出者，听众的哪些信号是向你发出无声的抗议？哪些信息可以反映他已经对你讲的内容不再关注或认可了呢？以下这些信息是你需要格外留意的：

（1）表示已不再关注的姿态

通常情况下，人们在注意力高度集中时会情绪紧张，在注意力分散或感到枯燥无味时则会情绪松懈。如果对方刚开始的时候还点头赞同或者微笑、猛记笔记，慢慢地他们逐渐减少微笑和点头的次数，视线不再聚焦到你那儿，或左顾右盼，或出现"低头沉思"状，或心不在焉，这些信息都在告诉你，他们已经不再关注你讲的东西了。这时，你最好见好就收，转换话题或用其他的方式再次吸引他们的注意力。

（2）表示已没有耐心的姿态

当对方有急事去做或者已无心再听你讲话时，他们会频繁更换坐姿，翘起的二郎腿开始不停地抖动，时不时地低头看看表，点头的速度也会越来越快。千万要注意，他们此时的点头绝不是表示认可，而是催促你赶紧说完。当看到这些迹象时，你最好赶紧把谈话画上句号，否则对方就要下逐客令了。

（3）表示排斥和反感的姿态

如果你在说话时，对方开始头朝下，眼睛盯着地板，用力抠指甲，用手摘捏衣服上的线头或来回捋衣缝，这样的姿态都传递出排斥和抗拒的信号。此时,你就要快速反思一下,找出原因,尽快改变谈话方式或策略。

二、闻的艺术

"闻"就是学会用耳朵倾听,运用听觉收集有关信息,真实、快捷地掌握情况,了解对方的内心世界。想提高听的能力,就要学会有效倾听。

有效倾听能够给你带来以下好处:获取重要的信息,掩盖自身弱点、不足和相关知识的欠缺,赢得尊重,获得友谊、信任和支持,激发对方谈话的热情等。尊重他人,是实现有效倾听的必要条件。

那么,究竟如何做一个尊重他人的听众呢?

1. 保持友善的目光接触

我们知道眼睛是能传神的,因为目光是受情感支配的。比如目光明亮、炯炯有神,就会给人以感情充沛、生机勃勃的感觉;目光呆滞麻木,则给人一种疲惫厌倦、毫无生机的印象。正所谓眼睛是心灵的窗户,目光是心灵的语言。

在张嘴讲话前,你的目光就已经开始和对方交流了。因此,你要学会用眼睛说话。无论与何人交流,你首先要做的就是目视对方,面带微笑,显现喜悦和热情。如果你希望给对方留下很深的印象,还可以凝视对方,目光长久交流。与对方保持目光交流时,应以对方面部中心为圆心,以肩部为半径,这个视线范围就是目光交流的范围。随着话题、内容的变换,目光应做出及时恰当的反应,使整个交谈融洽、自然。

与人交谈时,切记目光不要出现以下几种情况,以免破坏谈话的氛围:

- 不停地眨眼睛,眼神飘忽、闪烁,这是不自信或心虚的表现;

- 斜视或瞟视，这会使对方产生不被信任或被挑衅、藐视的感觉；
- 怒目圆睁，逼视对方，这是极具进攻性的眼神；
- 目光呆滞，左顾右盼，这表示你心不在焉或不感兴趣。

2. 避免分心的举动或手势

人们在倾听的过程中经常会注意力不集中，思绪发生偏离。这是因为大多数人听话的接收速度通常是讲话速度的4倍。也就是说，在沟通的过程中，经常会出现一个人一句话还未说完，但听者已经明白他讲话的内容是什么了。没有了吸引力和悬念，当然很容易导致听众思绪产生偏离。

作为听众，如果你因为思绪偏离而开始开小差、精神涣散，做一些和沟通内容无关的事情，你就要克制自己，快速将自己的思绪拉回来。利用这些剩余的精力去强化你已经获取的信息，并力求正确地理解对方讲话的要义。从这个意义上讲，听人讲话不是一项简单的工作，有时甚至比说话还累。

3. 适时反馈，恰当复述

为了表示对谈话内容的认可和关注，你可以在口头上讲一些积极应和的话，比如"真有趣"、"我明白"、"是的，我也这么认为"；也可以用自己的话重新复述一下，或者概括一下你的理解。这是回应反馈的一个重要方面，它不仅表明你的确在认真地听对方说话，也为对方提供了一个帮助你澄清误解的机会。

对于一些不能肯定的地方，你也可以直接提问，以寻求对方的确认。此外，自觉转换听者与说者的角色，还能帮我们获取更多的信息，引导谈话进入双方感兴趣的领域或者其他领域。

4. 避免经常打断说话者

打断对方的讲话是很多人在沟通中普遍存在的问题。这是一种很不明智的做法，意味着你轻视对方的观点，或者你没有耐心听对方讲话。尤其是在征求对方的支持和帮助时，频繁打断对方讲话可能会让沟通不欢而散。只有当需要对方就某一点进行澄清时，你才可以打断对方。而且，为了减少可能造成的负面影响，你最好用"请原谅"来铺垫。

三、问的艺术

说完了"望"和"闻"，接下来要谈"问"了。

发问是思考者最关键的武器之一。爱因斯坦曾经说过："一个好问题的价值远远超过答案的价值。"所以，在沟通的过程中，你一定要善于发问。

成功解读当代管理学大师彼得·德鲁克，你会发现他持之以恒的关键法宝就是发问。德鲁克曾对企业的CEO们说："我的工作就是提问，你们的工作才是解答。"他不仅在面对企业高级管理者时可以提出致命的、有长久影响力的问题，而且在他的书中，用自问自答引导思想的问题也比比皆是。

在其成功的著作《公司的概念》一书中，开宗明义的问题就是：什么是生意？整个一本书都是围绕着"生意"这个最基本的核心展开的。提问、解答，再提一个更加深入的问题，再进一步解答，在自问自答的过程中完成了对生意的解读。提问成为德鲁克早期擅长的武器，并日益发展为其核心武器。

在日常的管理沟通中，往往由于忽略了发问这个环节，导致信息出现扭曲和变形，从而很难获得真实的信息。

实践证明，企业中的执行效果不佳，很大程度上是因为任务的接受者与发布者对"任务"的理解不一样。领导认为布置的是任务甲，下属却认为是任务乙，而且双方都自以为对任务的理解是准确的。

真正的管理者在团队中应该是辅导员或教练员的角色，而这一角色有一个非常重要的特质就是善于发问。善于发问主要体现在：第一，明白发问的目的与益处；第二，发问要有技巧，善于把握发问时机。

1. 明白发问的目的和益处

通过发问，你可以了解员工对工作的理解程度、态度与处理方式。只有知道员工的真实想法，才有可能达到高效管理。具体说来，发问的好处主要有下列几点：

通过发问，你可以详细了解下属对事情的观点和态度等；

通过发问，你可以了解双方对沟通要点的理解是否一致，消除对方的疑问；

通过发问，你可以启发下属的思考，使他们不总是在等待答案、被动执行，而是将自己的智慧贡献到工作中；

通过发问，你可以找到解决问题的最好方式，有时问题本身就是答案；

通过发问，你可以收集足够的资料、信息，认清或掌握事情的全貌，避免无意义的猜测和演绎，规避可能产生的误会和纷争；

通过发问，你可以使双方突破习惯性思维的局限，引发创造性思维，提供多种解决问题的方法；

通过发问，你可以引导大家达成对目标的共识，提升工作士气，提高执行力。

2. 掌握发问的方式和技巧

在沟通中，人们经常用到的发问方式主要有3种：开放式发问、封闭式发问、诱导式发问。

（1）开放式发问

开放式发问一般不设定回答的范围和方向，让沟通对象充分发挥，自由阐述自己的意见、看法，陈述某些事实、现状。目的在于让沟通对象表达他的看法、想法，发掘他背后的感受、态度与需要，鼓励他分享有价值的建议与解决方案。

开放式提问的优点是收集信息全面，能够得到更多的反馈信息，谈话的气氛轻松，有助于分析对方是否真正理解自己的意思；缺点是浪费时间，谈话内容容易跑题，偏离最初设计的谈话目标。

（2）封闭式发问

封闭式发问是指让沟通对象针对某个主题明确地回答是或否的一种方式，目的在于得到对方的确认，引导对方进入你要谈的主题，缩小讨论的范围。

封闭式发问的优点是节约时间，容易控制谈话的气氛；缺点是不利于收集信息或者收集信息不全面，容易给对方造成压迫感。

开放式发问和封闭式发问的主要区别是：开放式发问是提出一些让对方可以尽情地去阐释、描述自己观点的问题；针对封闭式的问题，对方只能用"是"、"不是"、"对"、"不对"等来回答。

我们可以举个简单的例子来说明这两种问题的不同之处。

封闭式的问题："请问你帮我订票了吗？"对方只能回答"订了"或者"没订"。

开放式的问题："你给我订的是哪个航空公司的票？"对方可能会告诉

你不止一个信息，如东航的或者南航的等。

在平时的提问中，你一定要分清两者的区别，根据不同的目的准确运用，这样才能获取你想要的信息。

（3）诱导式发问

诱导式发问是指为了获得某一回答，在所提问题中添加暗示被询问者如何回答的内容，或者将被询问者认为有争议的事实假定为业已存在的事实去提问。其目的在于引导对方说出自己想要的答案，或者将有争议的事实变成业已存在的事实。比如在誓师大会上，主持人问大家："对于今年的工作目标大家有没有信心？"这就是典型的诱导式问题。

除了恰当运用各种提问方式外，在提问时还需要注意以下4点：

① 问题要精简，最好每次只问一个问题，倘若一次就提五六个问题，对方可能只记得最后一两个，思考的焦点就散乱了；

② 少问"为什么"，因为这让人听起来更像在指责或埋怨对方；

③ 发问要坦诚，不要急着抛出答案；

④ 重复对方说的话，适度使用"是不是"、"是这样吗"之类的话语，确认自己听到的与对方所要表达的相一致。

好的沟通者在与对方沟通时，大部分时间是在听对方讲，其他的时间则是观察、感受、发问以及分享。在整个沟通过程中，你应该用70%的时间问开放式问题，用10%的时间重复确认对方的表述，5%的时间提封闭式问题，15%的时间分担对方的困惑，以便给出针对性的建议。请记住"聪明的人善于表达，智慧的人善于发问"。

四、切的艺术

所谓"切"就是学会揣摩对方的心理状态。

"切"是把通过"望"、"闻"、"问"所获取的信息进行综合推理、分析，并对其内心意图予以洞察和判断的结果。人际交往中，敏锐细致地观察他人的言语、手势、表情、动作以及看似不经意的行为，是掌握对方意图的先决条件。不会察言观色，等于不知风向便去转动舵柄，弄不好会在小风浪中翻了船。

中华民族的性格特点是讲话含蓄，不喜欢直来直去，而喜欢用旁敲侧击、指东道西的方式进行暗示，让你自己得出结论。

曹操很欣赏曹植的才华，因此想废了曹丕，转立曹植为太子。当曹操征求贾诩对这件事的意见时，贾诩却一声不吭。曹操就很奇怪地问："你为什么不说话？"

贾诩说："我正在想一件事呢！"

曹操问："你在想什么事呢？"

贾诩答："我正在想袁绍、刘表废长立幼招致灾祸的事。"

曹操听后哈哈大笑，立刻明白了贾诩的言外之意，于是不再提废曹丕的事了。

这就是让无数中层管理者最为头疼的"话里有话，话外有音"。

作为职场中人，领会上司"话外之音"的真实意图和潜在需求，是必备的职业技能。如果领会得好，会给自己的职业前途加分；而如果揣摩不懂上司的话外之音，就可能遭遇"职场滑铁卢"。

上司经常会以试探、提问、激励等方式，说出加薪、升职、绩效考核、裁员这些重要的敏感信息。作为中层管理者，你要时刻留意上司的话。他们一句看似轻描淡写的话就可能是对你的暗示或指导。如果没能从中准确获取信息，实在是职场的一大损失。

可以说"切"的功力是对你"眼力、听力、心力"的综合考验。因为言辞能透露一个人的品格，表情、眼神能让我们窥测他人内心，穿着、手势、坐姿也会在不知不觉中告诉我们真实的信息。只要多用心，你就能深谙察言观色的道理，破译人际沟通的谜题，造就真正的双赢关系。这方面的内容更多是"只可意会，不可言传"，希望大家悉心体会。

第五节
有效反馈

在本章的第一节，我们谈到沟通是以预设气场为起点的，那么沟通是以什么为终点呢？自然是达成协议、形成共识了。这里有一个不可或缺的步骤：信息反馈。

反馈就是沟通双方期望得到一种信息的回流。我给你信息，你也要给我信息。在沟通过程中，如果没有反馈的信息，就意味着沟通不完整，因为信息传过去了却没有传回来，只是一种单向的行为。

从传播学的角度讲，受众反馈的意见性信息直接或间接地反映了其自身的接受动机、需求和心态，体现了他们对传播者及其所传信息的态度和评价，提出了如何调节、修正当前与未来的传播行为的建议与意见。

反馈有两种：一种是正面的反馈，另一种是建设性的反馈。正面的反馈就是对对方的信息、观点予以肯定。建设性的反馈，就是针对别人做得不足的地方，给出具体的建议或补充。此处需要注意的是，建设性的反馈是一种建议，而不是一种批评或否定，正确认识这一点是非常重要的。

在一般的沟通中，反馈也许是可有可无，或有意无意的。但作为中层管理者，反馈环节是不容忽略的。当你发出信息后，应立即采取适当的方式跟进，并明确要求信息接收者必须在指定的时间内，清晰、准确地对信息进行反馈。对中层管理者来说，在有限的时间内确认上司和下属是否正确理解了所接受的信息，对提高企业的效益有着重要的影响。

在没有得到反馈以前，你无法确认自己所发送的管理信息是否已经得到有效的编码、译码、理解和执行。只有反馈出现，无论它是正反馈，还是负反馈，你才能了解双方在传递的信息上是否存在差异。如果没有反馈，管理就会存在失控的可能性。所以说，信息发出去以后，你一定要注意接受反馈意见，或者督促对方发出反馈意见，以达到有效沟通、高效管理的目的。

第五章

中层如何对上扛得住

- 汇报工作时，你经常给领导出问答题还是选择题？
- 面对有异议的任务，你是违心接受还是巧妙说服上级？
- 被无端责骂，你是顺从领导的批评还是找机会跟他沟通？

中层管理者上有领导，下有员工，内有平级，外有客户，要想不当"夹心饼"、不受"夹板气"，就需要沟通好与上、下、左、右的关系，做到对上扛得住、对下罩得住、对中拢得住。若沟通不畅，势必四面碰壁，寸步难行。若想把高墙夷为平地，畅通无阻，中层必须掌握全方位的沟通技巧。只有会沟通的中层，才能打通向上的阶梯、凝聚团队的力量、赢得"邻居"的协助，才能让上面更省心、下面更忠心、平级更贴心、外部更放心。

第一节
对上沟通需要的态度

所谓对上要扛得住，就是说作为中层管理者，你首先要有向上沟通的胆识和能受得了委屈的心态。这是中层管理者对上沟通的态度。具体来说，你可以从以下几点去锻炼和改进：

一、要积极主动

有人认为主动找领导沟通就是"拍马屁"，这是极其错误的观念。在现代职场，作为一个中层管理者，如果你恪守"沉默是金"，我想这无异于"慢性自杀"。

在职场中，很多人都有这种想法，认为有问题还是等着领导来找自己吧，要不然自找没趣多尴尬。正是这种偏见贻误了自己主动与领导沟通的机会，也丧失了可能属于自己的加薪、晋职的机会。

因此，作为中层管理者，你要主动、大胆地与上司沟通，征求上司的意见，及时消除上司对你的误解，了解上司的真实意图，以便更好地工作。

在领导交付给你任务之后，你一定要随时报告，如工作进行到什么程度，大概需要多长时间完成，遇到了什么问题，需要什么资源，等等。主动、及时地汇报，能够让上司全面了解项目进展情况，随时予以指导，既避免了走弯路，又能增加上司对你的好感。

在工作的过程中，如果发现上级对你的期望与你的预期想法产生了差别，除了要自我反省外，你还要主动去找领导沟通你的困惑或压力。这样才能消除自己的心理包袱，达到"你干的工作是领导想要的和期望看到的"这种双赢状态。

二、要敢讲真话

中层首先要"忠诚"。不欺上瞒下、敢讲真话就是忠诚的基本标准之一。

真话有时就会逆耳，实情有时就会无情。你不要有过重的"趋利避害"的心理，总是报喜不报忧，害怕被误解、被打击。否则，下情不能上达，上司总被蒙在鼓里，难以了解到真实的"病因"，如果因此开错了"药方"，使企业无法健康发展，最终倒霉的还是你。

俗话说"好话一句三冬暖"，说人好话、爱听好话是人之常情。从心理学的角度讲，任何人都不喜欢受到批评和指责，也不喜欢批评和指责自己的人。

据史书记载，有一次唐太宗李世民因魏征当众"指过"，怒气冲冲，动了杀机,幸遇长孙皇后良言相劝,魏征才幸免一死。诚心下过求谏之诏的一代明君李世民,尚且对魏征的尖锐指过难以忍受,何况是我们这些凡夫俗子呢?

看来,敢说真话需要胆识,会说真话则需要智慧。作为中层管理者,你在讲逆耳的忠言时要讲究方式、方法,要让上司最大限度地感受到你的善意与诚意,尽可能做到忠言也能顺耳。这就要根据话题内容以及所涉事件的大小、人员、性质、轻重缓急,因时、因人、因事、因地,采取不同的处理方式和策略。有时可以单刀直入,直奔主题;有时则需要冷静处理,等待合适的时机,再把事情和问题交代清楚;有时需要采取迂回战术,选择易被接受的方式把事情说明,把问题点透。

说实话要讲究艺术,绝不能用一个模式、一个套路去对待所有的人、所有的事。但无论哪种方式,都不能背离实话的本质,不能把实话变成隔靴搔痒的点到为止,更不能把实话变成曲意逢迎的套话、虚话和违心的假话。

事实证明,那些敢讲真话、敢说实情的中层管理者,总是能够得到上司赏识的。

三、要了解你的上司

你要全面、充分地了解自己的上司,比如他的成长经历、创业经历、家庭背景、性格特征、生活习惯、业余爱好、处世准则,以及他最欣赏什么,最反对什么,有哪些忌讳,目前最大的压力是什么。

除了上面列举的这些,你还要非常了解上司的沟通风格。如果你的上司是一个目标导向型的领导者,那你在汇报工作的时候就不能慢慢悠悠半天不进入主题,总是把事情的前因后果、所有细节都讲一遍,如果你这做了,那不幸地告诉你,下次你可能就没有汇报的机会了。如果你的上司是精确型的领导者,那么你所有讲给他听、呈报给他看的东西必须逻辑清晰,有准确的数据做支撑。总之,对于不同沟通风格的老板,作为下级的你,要有不同的沟通对策。

王部长在公司已经工作3年了,在这3年里他换了两任直接领导。前任领导非常善于表达,喜欢和下属开玩笑,从来不会对下属提出苛刻的要求;非常注重团队建设,经常组织下属聚餐、郊游等,所以下属跟他的沟通较为轻松和随意。出于战略发展的需要,公司对组织架构和人员做了优化和调整。新领导上任后,有一天王部长拿着自己的方案给领导汇报,他还习惯性地沿用与前任领导比较随意的沟通风格,对于领导提出的疑问也没有准备充分的数据和一手的材料,连标点符号和排版的问题都被领导一一指出。结果可想而知,王部长受到了领导非常严厉的批评。

"改变别人难上难,调整自己很简单。"面对不同的上级,你能做的就是调整自己的沟通策略,主动适应领导的沟通风格。

四、要能受得了委屈

中层管理者可能都有一肚子的苦水,因为难免会受到领导不问青红皂白的指责。有时可能是因为上司情绪不好,非常不幸被你赶上了,结果成了出气筒;有时是上司不了解情况,主观臆断将黑锅扣在了你的头上;还有的情况就是上司不方便指责对方,借你实现指桑骂槐,等等。

这时,你应该怎么办呢?是顺从上司的批评还是找机会跟他沟通呢?

面对这些情况，出发点有两个：一个是要用恰当的方式澄清事实；另一个是要知道双方在人格上是平等的，不能一味地点头哈腰一副奴才相，否则对你的长期发展是不利的。

如果上司对你的不满是因为误会，自己并没有做错什么，那就没有必要一味顺从上司的指责，但是要尊重上司的权威。也就是要先把委屈受了，不要公开顶撞上司，不要让上司下不来台，然后再尽量争取平静理智地沟通。这样既会重新赢得上司的信任，又能提高领导对你的认识。

如果不满是因为上司情绪上的发泄，那么，作为中层管理者，你要尽可能理智、客观地去对待这件事。不要因为上司一时的情绪化而对他全面否定，或就此心生不满、耿耿于怀。上司也是人，也有情绪失控的时候。你可以等上司情绪平静下来后，再积极主动地去找他沟通，如主动给上司发邮件，到上司的办公室去找他面谈，或者约他喝杯咖啡，等等。总之，要想赢得领导的认可，一定要给领导找个合适的台阶下。

第二节
对上沟通情景之如何汇报工作

中层管理者向领导汇报工作是家常便饭。但是，汇报也是讲究艺术的，什么该讲什么不该讲？什么时间去讲是最合适的？领导到底想听的是什么？对于汇报人员来说，都要做足功课。同样是汇报工作，质量有高低、方法有不同，结果也会存在很大差异。

作为中层管理者，要想赢得领导的认可，一定要掌握向上级汇报工作时的主要原则。

一、要有清晰的汇报结构

你在向上级汇报工作时，要体现出结构化思考的能力。不能东一榔头西一棒槌，也不能没头没尾的，上来就说你的解决方案。汇报工作的基本结构由3部分构成：背景说明、深入分析、解决方案。

在背景说明方面，你需要把复杂的信息尽可能用图表化、数据化的方式进行处理，做到简明扼要；另外，对于重要的信息资料，记得要注明出处。

在深入分析环节，你可以运用一些辅助工具，按照一定的逻辑推理，对关键信息进行分析、解读，从而得出相关结论。

最后才是提出解决方案。解决方案要尽可能具体、细化，要做必要的风险预估，同时一定要准备备选方案。这样才能便于领导决策，提高汇报工作的质量和效率。

二、用选择题代替问答题

领导都喜欢会解决问题的下属。可很多中层管理者去跟领导汇报工作时是只带着问题去的，不是被领导骂出来，就是被"你先放到这里吧，我考虑一下"打发了。这一考虑就说不好几天了，因为需要领导考虑的事情太多了。当你眼巴巴地等着答复时，领导很可能早把你这事给忘了。

所以，给领导汇报工作要出选择题。你把问题抛出来之后，还要附上2~3个解决方案或建议，同时把每个方案的优劣进行对比，说明选择各个方案的优势是什么，劣势在哪里。这样就非常便于领导拍板决策。

例如，办公室主任需要确定领导的时间，以便安排会议时间，但是领导近期的时间总是不好确定，于是就有了这样一段对话：

主任：领导，您看明天下午开个会怎么样？

领导：明天下午我没空，我有客户。

主任：那么后天上午呢？

领导：后天上午我有个非常重要的电话要打。

主任：那么后天上午10：30以后呢？

领导：好吧，10：30以后。

主任：谢谢！我明天下班前会再提醒您一下，后天上午10：30我们开个会。

在以上这段对话中，该主任在找领导确定时间时并没有直接问"您什么时候有空，我们准备开会"，而是以循序渐进的方式来询问领导对开会时间是否同意，这就是选择题，而不是问答题。

三、善于抓住汇报机会

有时让中层人员苦恼的是，找领导请示工作太难了，不是吃闭门羹，就是让其他同事抢了先，等轮到自己的时候，领导又临时有事，匆匆忙忙撂下一句话："等我回来再谈吧。"这样左等一会、右等一会，很多事情的工作进度就会受到影响，等领导发现此事迟迟没有进展时，你总不能说："我这都准备好了，就差您拍板了，可我总找不着您。"

所以，作为中层管理者，不要认为只有在领导办公室才叫汇报工作，对于一些只需要简单回答"Yes"或"No"的情况，就要善于抓住一切可能的机会，比如上班的电梯里、下班的停车场里、去餐厅的路上等。

人力资源部的张部长想请董事长确认一下今年外派培训的中层管理者名单，找了领导好几次都扑空了。今天好不容易见到董事长了，他刚要说这事，可董事长说马上要出差，现在就往机场赶。张部长灵机一动："那我跟您一起去机场，在路上您确定一下今年外派培训的名单吧，然后我再跟司机回来。您确认后，我就可以开展后续的工作了。"

四、汇报请示掌握"度"

所谓汇报请示要掌握"度"，就是说你在收到上司下达的工作指令后，不能长时间不去请示汇报，这样会让领导觉得你不把他放在眼里，凡事都自己做决定，而且也容易出现工作变形走样的情况；但是也不要频繁去请示汇报，因为频率太高的话会让领导怀疑你的工作能力。

第三节
对上沟通情景之如何接受工作

作为中层管理者，除了向上级请示汇报工作外，还要落实上级交付的各种工作任务。那么，在接受工作的时候，有哪些事项是需要格外注意的呢？

一、了解上级的真实需求

有的中层管理者工作很被动、很盲目，上司怎么安排就怎么干，自己好像就是一部机器，只会按照指令运转。这种人，看着整天忙忙碌碌，却忙不出"效率"和"效益"来。

作为中层管理者，有时需要理解上司布置工作的真实意图，用更合理的方式、更经济的预算来实现工作目标。

> 下周一省领导要来公司视察，王总非常重视这次接待。慎重起见，王总要行政部张部长陪同，提前把下周的视察路线先走一遍，看还有哪些细节需要完善。在一个走廊处，王总发现透过玻璃可以看到不远处堆放着一些凌乱的材料和工具，就对张部长说："赶紧找人把这些东西都搬走，这么看着多乱啊，我一再强调要注重细节，这就是细节。"
>
> 考虑到一方面现在没有适合存放这些材料的地方，另一方面因为目前正在施工，很需要这些材料、设备，如果搬走必然会影响施工进度，而且那里距参观地点较远，只要很好地遮挡住就没有问题，张部长跟王总说了自己的想法，并建议买一些较大的绿植遮挡一下，这样既美观又不影响施工。王总当场采纳了张部长的建议。

这个案例告诉我们，要了解上司的真实意图和需求。王总的需求是要保证此次的参观路线不出问题，并通过细节体现出公司管理的水平，而不是真正要把堆放的材料、设备、工具搬走。所以不要认为领导说一就是一，如果能通过变通的方式解决问题，更好地满足上司的工作需求，不但能使复杂的工作简单化，而且能够得到上司的认可和赞赏。

二、不找借口，不提条件

领导最反感一项工作布置下去，下属要么找各种借口和理由来推脱，要么讨价还价提出各种条件。当一个富有挑战性的任务下达后，作为中层管理者，你所能做的就是要向领导表示，你会以达成目标为原则，不会因困难而放弃努力。

在任务完成的过程中，如果你遇到一些需要协调或调拨资源的事情，再去跟领导请示，这时领导通常会体谅你的难处、满足你的需求。

三、巧妙说服上级，创造性完成任务

对领导做出的工作安排和指示，作为下属的你，当然要服从。但实际情况往往是复杂的，并不能一概而论。有些事情，从领导的角度看，他的安排自有道理；可从你的角度看，就可能暗含"隐情"。如果你的出发点是对的，如果你的理由是充分的，这时你不妨巧妙地提醒领导，以便于后期工作顺利开展。

公司每年年会的地点选择都是让人力资源部黄部长头疼的问题。条件要好，地点不能重复，预算不能超标，既要满足开会的需要，又要保证大家娱乐的需要。年会临近，这件事情又被提上了议事日程。为了让与会人员满意，黄部长希望今年能给大家些惊喜，所以对会议地点还有些特殊要求，而且他已经安排人员在落实这项工作了，也初步有了几个可供选择的地点。

下午，公司领导层开会。在会议正式开始前，总经理对黄部长说："我看今年年会还是去温泉度假村吧，冬天也没什么好玩的，大家洗洗温泉得了。"总经理说的这个度假村大家已经去过好多次了，而且很多企业都选择在那开会，到时肯定人满为患，就餐、住宿、娱乐都不方便。假如再去那个地方，不仅前期的很多想法和工作要泡汤，还会引起部分员工的怨言，好像人力资源部就没有点创新意识，又得费力不讨好。可马上要开会了，年会设计的创新小环节和备选地点的具体情况现在也来不及汇报了。因此，黄部长并没有立即回绝总经理的提议，而是说等明天总经理有空的时候，再将年会的想法向他系统汇报。

散会后，黄部长加班加点将年会的设计方案、亮点环节、地点选择、所需预算形成了系统的方案，并在第二天利用中午吃饭的时间向总经理做了汇报。总经理并没有坚持自己原来的想法，而是批准了黄部长的方案。结果年会开得很成功，员工很满意。

作为下属的黄部长，虽然对领导的提议有不同的想法，但他并没有直接说出来，而是用详细的资料分析巧妙地说服领导。既让领导面子上过得去，又为自己的工作争取了便利条件和支持。

第四节
对上沟通情景之如何接受批评

苏东坡在瓜州任职时，和金山寺的住持佛印禅师关系很好，经常一起参禅论道。有一天,苏东坡若有所悟,便写了一首诗,让书童送给佛印禅师看:稽首天中天,毫光照大千。八风吹不动,端坐紫金莲。

禅师看完这首诗,微微一笑,拿笔批了两个大字,叫书童带了回去。等书童回来后,满以为会得到禅师赞赏的苏东坡急忙打开诗作,却赫然看见上面写着"放屁"两个大字,不禁怒火中烧,立刻乘船过江,找禅师理论。

船到金山寺时,佛印禅师已在岸边等候多时。苏东坡一见禅师便大声质问:"大和尚!你我是至交道友,我的诗,我的修行,你不赞赏也就罢了,怎么可以恶语中伤?"

禅师若无其事地反问:"我骂你什么了?"

苏东坡把诗上批的"放屁"两字拿给禅师看。

禅师看过,哈哈大笑:"哦!你不是说'八风吹不动'吗?怎么'一屁'就打过江来了呢?"

苏东坡呆立半晌,终于恍然大悟,惭愧不已。

"八风"即佛门参禅修行的八种境界:称、讥、毁、誉、利、衰、苦、乐。苏东坡向来以为人正直、性情旷达、才华横溢著称,并且对儒学有非常深厚的领悟。但就是这么一个智慧颇高的人,别说"八风"了,受了人家的一句讥讽就坐不住了,就得找人家算账了,更何况我们这些凡人呢?

中国青年报社会调查中心通过民意中国网和新浪网,对1155人进行的一项在线调查显示:57.3%的人表示身边很少有能虚心接受批评的人,其中20.0%的人表示"非常少",仅12.9%的人认为这样的人还比较多。调查中,60.9%的受访者确认,身边经常有人因为批评而引发各种矛盾或冲突。至于最不能接受批评的人,82.9%的人认为是"领导",38.0%的人认为是"同事";59.9%的人认为是"年长者",45.5%的人认为是"年轻人";26.1%的人选择"陌生人",17.7%的人选择"熟人"。

你可以自我评价一下,看看自己是否在最不能接受批评的82.9%的范围内。

在职场生涯中,没有受到过上级批评的人恐怕是少之又少。当然,并不是所有的批评都是正确的,这也是考验心理承受度和情商的关键时刻。虽然人们嘴上总说别人善意的批评是对自己的鞭策,是自己成长的镜子,可真面对批评和指责时,很难做到嘴上不抱怨,心里不嘀咕。

在本章第一节,我们讲述了中层管理者面对上级批评时应有的心态,下面再为大家提供几个接受领导批评时的基本原则,希望能够对你有所帮助:

第一,克制住自己的第一反应。

面对上级的无端批评和指责,的确会让人窝火。大多数人会首先表现出应激性的言语防御或反击,这是争论和冲突的起点。作为中层管理者,基本的职业素养还是要具备的,所以还是请你克制住自己的情绪并告诫自己:千万千万不要当面反击!记住,能控制好自己情绪的人,才是成熟的人。

第二,不要寻找借口,不要过多解释。

受到上级的批评时,不要先急着替自己辩护和解释,有时这是非常愚蠢的做法,会被误认为是不负责任的表现。作为一名负责任的中层领导者,你应时刻要求自己:在责任面前没有任何借口,也没有任何挡箭牌可以推卸责任。

第三,明确批评者的动机。

如果对方没有恶意,不是存心想伤害你的话,就不要太过计较领导说话的方式,也就是要学会做积极的自我心理暗示,过滤掉对方情绪化的言语，从批评指责中获取对开展工作有益的建议或想法，把负面的指责转换成正面的建议。

第四，眼光放在未来，思考如何才能提高。

有时候严厉的批评的确会让你怒火中烧、无地自容。但对方的情绪越是让你接受不了，越说明你犯的错误可能是无法原谅的。也许你当时无法理解或接受，但当你想通之后，你会发现这个差距就是你进步的标准。如果你当时做了什么过激的反击，可能会让你追悔莫及；如果你当时按捺住了自己的情绪，事后你可能会暗自窃喜。所以，你不要"憋气"，而要"争气"。对于下属的进步与成长，领导都是能看得见的。

总而言之，与上级领导沟通时，考验的是你的胆识、你的智慧，要主动而不依赖、尊重而不吹捧，要体现出对领导工作的支持与配合。

第六章
中层如何对下罩得住

- 给下属布置工作，你做到"三明确"了吗？
- 绩效面谈，如何才能降低下属的负面情绪？
- 表扬下属，你遇到过尴尬的局面吗？

美国著名的管理学家托马斯·彼得斯认为，管理者最需要的是能够激发工作激情的能力：没当领导之前，他们能在同事中激发工作热情；当了领导之后，他们同样能在下属中，甚至是在其他部门的同级人员中，激发热情、信心与积极性。

山姆·沃尔顿认为最了解信息的往往是最基层的员工，听取他们的意见非常重要。而那些远离员工，出了问题也不愿向员工请教的管理者，永远也不可能成为员工真正的合伙人。

所以，作为中层管理者，要经常思考如何将管理意图变成团队的集体行为？如何保持下属团队的凝聚力、忠诚度？如何让下属树立跟着你干有"奔头"的想法？如何消除团队成员之间不必要的猜忌？

在日常的工作中，管理者更多的时间是在与所领导的团队和下属进行沟通，以确保部门目标或组织任务能够顺利完成。作为一名中层管理者，在你所领导的团队或组织中，你不一定是技术专家，也不一定是营销专家，但你一定要是个沟通专家。

中层管理者在与下属沟通的过程中，所需要的心态、技巧同我们前面所提到的一般沟通大同小异。在本章，我们将通过列举沟通中常见的场景和问题来具体讨论向下沟通的原则和方法。

第一节
对下沟通情景之如何布置工作

2011年12月10日，再有一天，年底的客户答谢大会就要隆重召开了。这也是公司成立以来第一次召开客户答谢会,将为2012品牌建设年拉开序幕,公司上下极为重视。

负责会议筹备的赵部长在检查完会场后,请来了上级主管王经理,请他最后审核会场布置是否合理,还有哪些细节需要完善。王经理仔细地检查了会场灯光、投影设备、音响效果、桌椅摆放等相关事项,忽然发现会议桌上只有公司领导的桌牌,没有客户的桌牌,就对赵部长说:"给参加会议的客户都做一个桌牌吧,这样便于大家相互认识。另外再给所有参会人员制作一个胸牌,写上本次会议的主题,这样可以营造更好的会议氛围。"

赵部长听后,赶紧联系之前负责本次会务用品的广告设计公司,可没想到该公司的打印设备因故障正在检修,没办法保证第二天交活。无奈,赵部长只能临时找别的设计公司,经过一晚上马不停蹄地设计、修改、打印、塑封,终于在第二天早上6点,将所需的桌牌、胸牌运到了会场。赵部长又带着部门人员按照客户的既定位置,将桌牌和胸牌整齐地摆放在了会场的桌子上。一夜没合眼的赵部长终于松了一口气。

8点钟,这时距会议开始还有一个小时,王经理提前来到会场做最后的检查。当他看到新摆放的桌牌和胸牌时,不满地说:"桌牌怎么没有加公司的标志?而且怎么偏色这么厉害?和公司标准色差别太大了。胸牌尺寸也太大了,这贴在胸前像什么啊!你们怎么一点品牌意识都没有?客户一看就知道是临时赶制出来的,摆着还不如不摆,干脆都撤了吧!"疲惫不堪的赵部长一听此话,顿时像泄了气的皮球蔫头耷脑了。

辛辛苦苦的赵部长白忙活了一个晚上不说,不但没有得到领导的表扬,反而还召来了批评。赵部长的积极性备受打击,有一肚子的委屈想要往外倒：你王经理站着说话不腰疼，说摆就摆，说撤就撤，你一句话说着容易，可我们就得忙活一晚上，最后还是这么个结果，这不是无视我们的劳动成果，逗我们玩儿吗？而且不是怕打扰你睡觉，有些问题才没跟你请示汇报吗？布置工作的时候，你也没提这么多要求啊。

工作没做好，赵部长在执行过程中固然有问题，但他的委屈也不是完全没道理。这个案例告诉我们，管理者在布置任务的时候，不要想当然地认为你的意图和要求下属都清楚，不要认为经验就是常识。作为领导，你当然清楚这项工作的注意事项，可执行者就不一定想得这么周全和细致了。所以，在布置工作的时候，你不要惜字如金，一定要交代清楚。

作为中层管理者，在给下属布置任务的时候，应该怎么做，才能让下属干得明白、忙得起劲呢？

一、明确负责人

你在布置任务的时候既要明确任务的承接人有哪些，更要明确负责人是谁，协助人是谁。切不可分工不清，也不可多人负责。因为分工不清或多人负责就意味着没人负责，没人负责就必然会相互推脱。这样不但工作起来会拖拖拉拉，就算是完成了，做得好你也不知表扬谁，做得差你也不知该罚谁。大家要么会互相争功，要么就会互相诿过，没有人总是甘当"无名英雄"，更没有人愿做倒霉的"替罪羊"。这样势必会产生不健康的团队氛围，造成士气低下。

所以，你在布置工作时首先要明确负责人，而且双方要达成共识，切不可含糊其辞；其次要明确权利和责任，给负责人恰当的精神和物质激励。

二、明确验收标准和要求

结果和要求是两回事。前面提到的案例中，赵部长和王经理都知道任务的结果是摆放桌牌和印制胸牌，但王经理却没有把完成任务的具体要求和标准告诉赵部长。如果王经理在布置任务的同时跟赵部长说明设计桌牌和胸牌的具体要求，如大小、颜色、字体、材质等，或者拿一个以前的样品做参照，说明哪里需要修改、哪里需要保留，这样赵部长无论找到哪家设计公司去做，都能沟通得明明白白，而且下次遇到同样的问题也就有了相应的经验。能一次做对、做好的事情，干吗非要让下属在错误中成长呢？费时、费力、费钱不说，辜负了下属的工作积极性可是最大的浪费和损失。

三、明确完成的时间和进度

没有最后期限的工作就等于永远不可能完成的工作。你在布置任务的同时，要明确告诉任务负责人什么时候必须完成、关键的时间节点在哪、在不同的时间节点都要完成哪些标志性的阶段成果。执行过程中还要委派他人或亲自检查任务的进展和完成情况，并将这种检查、汇报的观念牢固地树立在负责人心中，时刻提醒他们要按时、按质、按量完成任务。只有保证过程的完美，才能得到满意的结果。

四、及时了解下属的困难和需求

下属工作完成得不好，有时是因为不会干，有时是因为不愿干，有时是因为不能干。俗话说"巧妇难为无米之炊"、"不能只让马儿跑,不给马吃草"。在下达一些重要和艰巨的任务时,作为领导者,你要事先考虑到需要的人力、物力、财力等相关资源以及可能面临的困难,并做好相应的支持工作。在布置工作的时候,除了把这些情况跟下属交代清楚,还要告知本部门相关人员要对其进行支持,必要时还要与其他部门提前打好招呼,请他们协同配合。一句话,你要为下属完成工作创造必要的条件。

只有这样,工作布置起来才能更加顺畅。下属会认为你考虑周到而心存感激,干起工作来也就更加全力以赴。否则,下属在完成任务的过程中可能会困难重重,最终因无力协调而无法完成。久而久之,下属就不愿意再接受你的任务了。因此,对于管理者来说,一定不要把超出下属能力范围的难题抛给他。

以上是你在布置任务的过程中必须注意的几个原则。掌握这些原则,并且合理分配任务,下属才会在工作中锻炼,在学习中成长,而且会由衷地认为做你的下属真的很幸运。

第二节
对下沟通情景之如何进行绩效面谈

张总监所在的公司是一家中型食品企业。近两年,由于抓住了良好的市场机会,公司的发展速度大大加快。与此同时,公司的各项管理职能也面临着更多的挑战,从生产、销售到内部管理等都需要进一步变革,使之逐步正规化、标准化。这些无疑对现有人员的能力和人才的培养提出了更高的要求。由于单纯依靠招聘无法满足和适应公司快速发展的需要，公司要求一方面强化管理者带队伍、培养人的能力，另一方面快速提升一些人员的岗位胜任力。

人力资源部除强化各项培训工作外，开始在公司内部推行绩效面谈。该项工作在推行过程中遇到了不少抵触。有的管理者提出在工作中遇到问题就随时沟通了，绩效面谈没有什么可谈的了；有的管理者认为绩效面谈太浪费精力和时间，还不如就按原来的考评方式直接打个分得了；还有的管理者不太了解绩效面谈如何开展；更有甚者干脆以会议座谈的形式进行绩效面谈。人力资源部通过大家反馈的"绩效面谈实施表"，发现很多部门都在走形式，绩效面谈根本没有起到应有的作用。这些都成了让张总监头大的问题。

绩效面谈是向下沟通中常见的方法之一，也是每个管理者都应该学习和掌握的管理方法。其意义在于通过与员工面对面地沟通，让员工知晓本期考核结果；帮助员工总结经验，找出不足；为员工答疑解惑，寻找解决办法；肯定工作亮点，激励员工并与其共同确定下期绩效目标。良好的绩效面谈是管理者培养下属、激励下属不可或缺的手段。

然而，在有的企业中，绩效面谈往往成了让管理者和员工都颇为头疼的一件事，双方在不同程度上都会有抵触情绪。因为管理人员要面对面地指出下属绩效上的不足，而面谈的结果又与员工的绩效奖金、工资金额、晋升等有直接联系，如果处理不当，这些敏感的问题往往会成为引发冲突的导火索。作为中层管理者，在与下属进行绩效面谈时要注意以下几点。

一、绩效面谈要一对一进行沟通

这是绩效面谈的一个基本原则，切不可像张总监所在公司的某些部门以座谈会的方式实施绩效面谈。采用这种错误的做法,一方面,大家都是点到为止,不可能深入地、有针对性地沟通;另一方面,绩效不良的员工面对不足也不好接受,容易产生逆反心理,起不到总结、提升的作用。这样也就丧失了绩效面谈的意义。

二、双方都需要做好准备

公司要对绩效面谈设置统一的流程和要求。比如,上级领导需要提前2~3天通知面谈对象,并安排好时间、地点;面谈对象要根据自己的工作情况先行实施自我总结和评价。只有双方都有了充分准备,绩效面谈才容易达成共识,保证效果。否则,突然袭击只能导致双方应付差事走过场。

三、一定要了解你的下属

本书在第四章谈到了要以对方易于接受的方式与之沟通,同时还列举了5种行为风格,即精确型(猫头鹰型)、支配型(老虎型)、活泼型(孔雀型)、耐心型(考拉型)、整合型(变色龙型)的沟通特点。作为管理者,在实施绩效面谈时,一定要事先了解下属的行为特性和沟通风格。否则往往会适得其反,不但起不到辅导、激励、总结、提升的作用,有时还会引发冲突,激化对抗情绪。

如果你的下属是"孔雀",那么一定要记住先表扬他,切忌上来就指出其不足,否则"孔雀"就会变成"瘟鸡"。另外还要给他表达的时间和机会,认真倾听他的看法和意见。

如果你的下属是"猫头鹰",那么要注意谈话的场所不能太开放,不能开着办公室的门就开谈了。而且谈话要具体,要多举例,多使用客观资料,这样"猫头鹰"才能心服口服。

如果你的下属是"考拉",那么你就没必要一定在上班期间谈,可以另外找一个相对轻松的时间和环境。你还要保持平和的态度,不要直接指责他,更不要使用极端的言辞,否则"考拉"会因压力过大,反而影响其未来的表现。

如果你的下属是"老虎",那么你就可以直入主题,不要绕弯子。另外要多使用激励的语言,帮其树立富有挑战性的目标。

如果你的下属是"变色龙",那么你只要给他们交代清楚任务和目标就可以了,他们通常都能恰如其分地完成任务。

四、既要谈过去,还要谈现在和将来

谈过去主要是谈上一个考核周期工作的完成情况和评估理由。你既要对绩效表现良好的结果和行为提出肯定,也要对绩效不佳的结果和行为进行分析和总结,并设法帮助下属提出具体的改进措施,使其在下个考核周期不再出现类似的情况。请注意这是关键中的关键。只有这样,才能使绩效面谈起到应有的改善、提升的作用。

谈现在,一方面,你要清楚地了解下属目前的困惑、压力;另一方面,你还要让下属清楚地了解领导对其当前行为表现的评价。

绩效面谈还不能忘了谈将来,即谈下一个考核周期的工作目标和希望。这个环节要体现出绩效面谈对员工的激励作用,所以你不但要与员工一起树立一个挑战性的目标,更要以积极的语言来结束绩效面谈。

总的来说,一个成功的绩效面谈应该是扫除员工低沉的情绪,帮助员工释放压力,找到正确的方法,树立明确的工作目标的过程。

五、双方要有效互动

绩效面谈是你与下属双向互动的过程，不能你一个人唱独角戏，下属只是被动地接受，而应鼓励下属充分参与。

你不要一上来就盖棺论定，尤其是对于评价结果产生分歧时，要允许员工充分表达，这样也可以避免不必要的误解。另外，对于下一阶段的绩效目标，你也要鼓励员工自我挑战，而非被动接受。

第三节
对下沟通情景之如何表扬下属

为了满足发展的需要，公司从今年开始大规模招聘应届大学毕业生。在经过封闭式的入职培训后，新员工们被分到了不同的部门。其中小王和小李被分到了销售部。小李的领导是公司的老员工郭经理，郭经理在销售一部工作5年了，销售一部的业绩一直处于中等水平，不好也不坏。而小王的领导是梁经理，梁经理刚来公司1年，可他领导的销售二部半年内业绩就已经高出销售一部了。两个经理两种风格，两个部门的氛围也不一样。私下里小李和小王碰到一起总是互相交流心得。

这个月他们都完成了任务的60%，可是两个人的状态却有天壤之别，小李一脸苦涩，小王满脸自信。

"李同学，你怎么了，上个月我们不是都完成60%了吗？难道你家里出什么事情了?"小王问小李。

"开月度总结会的时候郭经理对我说,小李,你要努力啊,你还有40%的任务没完成,要有压力啊,不然试用期很难过去!"小李把原因告诉了小王。

小王听着也皱起眉头说:"看来我也不合格了,我也只完成了60%。可是梁经理那天看见我却说让我好好干,说刚来就完成60%非常不错,难道我们两个部门的用人标准和考核指标不一样吗?"

一个季度后,小王转正了,小李却离职了。公司对销售人员的考核标准是一样的,不一样的是两个经理不同的沟通方式。

对于新人,郭经理和梁经理一个采用了高压,一个采用了鼓励。显然郭经理错了,在需要给予肯定和表扬的情况下他采用了高压的方式。我们不排除高压方式的作用,但是在新人的培养上,表扬和鼓励还是要更适合一些。对下属的某些优点给予适度的表扬,使对方得到心理上的满足,才能够在较为愉快的情绪中接受工作任务。

赞美他人是我们在日常沟通中经常碰到的情况。要建立良好的人际关系,恰当地赞美他人是必不可少的。美国一位著名的社会活动家曾提出这样一条原则:"给人一个好名声,让他去达到它。"事实上,被赞美的人宁愿做出惊人的努力,也不愿让你失望。

那么,作为一名中层管理者,如何表扬下属才既不显得生硬,又能合理激励下属呢?

一、表扬要出自真心

英国专门研究社会关系的卡斯利博士曾说过:"大多数人选择朋友都

是以对方是否出于真诚而决定的。"每个人都珍视真心诚意，它是人际沟通中最重要的标尺。

因此，你在赞美下属时，一定是因为他确实做了值得赞美的事情，而且你也真心地认为应该赞美他，否则，为了赞美而赞美，会让人感觉华而不实。

二、表扬要有落脚点

你在赞美下属时，除了态度要真诚，内容也要具体、有落脚点，如"你这次跟客户交流的尺度把握得非常好"、"这篇文章你写得很好，文采很棒，继续努力"。相比于空洞、敷衍式的赞美，有理有据、具体的赞美更能收到良好的效果。

三、表扬要及时

美国数学家乔治·盖洛普曾针对12个不同行业的2500多个经营部门进行了数据收集，通过对其中10.5万名不同公司、不同文化的员工态度的分析，发现有12个关键问题最能反映员工的去留、利润、效率和顾客满意度这4个硬指标。这就是著名的Q12。

现在很多企业都运用盖洛普的Q12来测评员工的敬业度，而员工敬业度的高低也直接反映了部门负责人的领导水平。Q12其中有一个问题是：在过去的6天里，我因工作出色而受到表扬了吗？这个问题的打分往往都比较低，这反映了很多中层管理者不善于对下属及时进行表扬，好像总是"爱你在心口难开"。管理者认为干好工作是员工分内的事情，担心经常夸奖会让员工"翘尾巴"。殊不知，没有及时的认可与赞美，员工就很难将正确的行为重复化。

四、学会背后说好话

闲谈莫论人非。我们不赞成背后说坏话，却鼓励背后说好话这种间接赞美的方式。一般来说，背后的赞美都能传达到被赞美者本人耳中，这除了能起到赞美所带来的激励作用外，更能让对方感到你对他的赞美是诚挚的，因而更能加强赞美的效果。

作为一名中层管理者，你不要吝惜对部下的赞美，尤其是在面对你的领导或者他的同事时，要恰如其分地夸奖你的部下。他一旦知道了你的赞美，就会对你心存感激，在感情上也会与你更进一步，你们的沟通也就会更加卓有成效。

第四节
对下沟通情景之如何批评下属

王芳哭着从经理室跑了出来，直接进了人力资源办公室，要求辞职。原因是她觉得经理侮辱了她的人格。她和经理之间的谈话是这样的：

经理：我上次布置任务的时候你在睡觉吗？

王芳：我没有，我都记下来了。

经理：那你告诉我，我让你干什么了？

王芳：你让我了解合作院校的招生情况，我这个星期一直在了解，我一直在摸情况啊!

经理：你摸什么摸，你摸谁了？你当我是3岁小孩，你随便一句话就能糊弄的？我就不知道你这些年在公司都干什么了，这么简单的调查你一个星期都没结果，还给我摸来摸去的。我看你也就这样了！你太缺乏责任心了！

在收集案例的过程中我们得知，原来经理让王芳调查合作院校的招生情况，并提交一份数据报告，王芳没完成，经理便劈头盖脸地批评了她一顿。

在这次批评中，经理起码有两个明显的错误：一是不该对女同事使用侮辱性的语言，不该说"摸什么摸，你摸谁了"，这显然会让女同事难堪；二是不该给下属一下子定性，扣一个反面的帽子，说她"也就这样了"，言外之意就是没前途了。另外，作为领导，批评下属要就事论事，不要上升到对人的评价，如说下属"太缺乏责任心了"。

王芳提出辞职也可以理解，既然领导都觉得我就这样了，我继续干下去还有什么希望，不如辞职算了。有人说"员工离职，80%的原因都是与上级主管关系不良所造成的"，从这个案例中我们也可以略见一斑。

看到这，可能有人会提出疑问：难道为了和员工保持良好的关系，领导就不能批评下属了吗？答案当然是否定的。批评是管理的手段之一，其作用在于帮下属纠正错误，保持优点，寻找最佳的工作方式。批评下属是管理中一个有效的手段和方法，只要方法得当，便会起到积极的作用。不过忠言也逆耳，我们不妨先放几枚糖衣炮弹。

一、要批评也要肯定

任何一名员工都免不了犯一些大大小小的错误，作为领导，对他们提出批评是常有的事。

不过，在批评员工前，你不妨先对他们的成绩和工作提出肯定和表扬，这样可以增加对方的信心，不至于产生逆反和抵抗心理。例如，"小韩，你的方案写得不错，看得出来你一定花了不少心思。不过，还有一个重要的问题你没有涉及……"

在结束批评之前，也要以友好的方式渲染一下气氛，既让下属认识到错误，又不会让他心寒。总之，从赞扬开始，以忠告结束，问题解决了，感情也没伤，才是一种高超的"批评"方法。

二、注意批评的场合

> 小刚是公司的一名普通员工，对待工作非常用心，把公司当成家，可是，总是在做事上不尽如人意，达不到领导的要求。侯经理在晨会上直接批评了小刚，小刚回家跟妻子说："我不想干了，我那么替公司着想，比小李强多了，可是每次领导都批评我。为什么我的努力就没人看见，批评的时候却总是想到我？侯经理一定是想辞退我了，才用这种方法来对付我的。"

其实，小刚很喜欢现在的工作，如果不是当着大家的面挨批，他也许就不会产生逆反心理。

可见，领导在批评下属时，一定不要当众指责他，尤其是不要当着其他下级的面来批评他，有别人在场，会增加他的心理负担，影响他接受批评的态度。最好选在单独的场合，独立的办公室、安静的会议室、午餐后的休息室，或者楼下的咖啡厅都是不错的选择。如果有些问题必须当众批评或通报，也应在事前或事后做好对方的思想工作，帮助他们打消顾虑或抵触情绪。

三、要控制好情绪

当你准备批评下属时，切忌任性而为，要控制好自己的情绪，千万不能对下属发脾气。沟通中要注意语气和措辞，不要使用带有侮辱性、攻击性、诋毁性的语言，更不要像本节一开始所提到的案例中那样给下属乱贴标签。

你要弄清楚的是，发怒和批评根本就不是一码事，发怒往往达不到批评的目的。身为中层领导，如果动辄就指责下属，乱发脾气，很可能会失去人心，到时就后悔莫及了。

四、批评要有落脚点

批评人要尊重事实，因为每个人都有自尊心，对批评性的意见都比较敏感，一旦与事实有出入，就会引起抵触、对立情绪。作为领导者，千万别"横挑鼻子竖挑眼"，滥用权力，滥施批评。在批评的时候一定要客观具体，有理有据，才能使对方信服。要做到对事不对人，要让对方认识到我们并不是批评他本人，而是批评他的错误行为，千万不要扩大到对下属本人的批评上。

比如说，作为推广部负责人的你去审核清样，结果发现标题有一个字错了，而校对人员却没有发现。如果你要批评他，你是说"这个字你没有校出来"，还是说"你对工作太不负责任了，这么明显的错误都没有校出来"呢？很显然，后者是难以被对方接受的，因为你的话让他很难堪，也很委屈，也许他只是一次无意的过失，你却上升到了责任心的高度去批评他。就是这么一句小小的批评，很可能就把他推到了你的对立面，使你们的关系恶化。

批评不是教训，不是一棍子打死人，而是要善于运用多种方法让员工明白他的失误。虽然员工最惧怕领导批评，但如果你能把批评掌握得恰到火候，他就会在心里暗自佩服你。

第七章
中层如何对中拢得住

- 你有没有主动为平级同事提供过有用的信息?
- 在你需要平级同事的支持时,他们是热心相助还是冷漠拒绝?
- 和平级同事有了矛盾,你是主动和解还是搞得领导皆知?

作为中层管理者，在企业内部除了上传下达外，更多的沟通对象是平级同事，尤其是和你工作关联密切的其他部门的领导。而且，与他们的沟通难度有时不亚于与上下级的沟通。所以这种跨部门的沟通、协调往往是让很多中层管理者头疼的问题。如果说上传下达是中层管理者的"本分"的话，能够拢得住平级才是你的"本事"。与同级和谐相处不仅仅是一种生存的需要，也是成功的一个必要条件。

第一节
平级沟通需要的态度

很多企业的中层之间互不买账、相互打压、相互挖坑，相互之间不是助力，而是阻力。那可真是同伴有功，分外眼红；同伴有难，冷眼观看。为了个人或部门利益，实施恶性竞争在所不惜。

如果你是一名中层管理者，你希望在这样的企业工作吗？

人人都希望在一个精诚团结、密切合作的优秀企业里发展。那么在跨部门的平级沟通中，你应该保持怎样的态度，才能使你的平级同事成为你的帮手而不是对手呢？

一、要坦荡，不要猜忌

大家都知道《疑邻偷斧》的寓言：

一个人丢了斧子,总是怀疑被邻居偷走了,因此他每次看见邻居时,都越看越觉得邻居行为鬼祟,走路像偷斧子的,说话像偷斧子的,一举一动没有不像偷斧子的。但有一天他在山谷里找到了斧子,再回头看到邻居时,猛然发现那位疑似小偷的邻居走路、说话一点也不像偷斧子的了。

工作中的平级同事,从某种意义上说,就如同隔壁的"邻居"。作为中层管理者,你要反省自己是不是也总跟防贼似的防着人家,你是不是对人家总是遮遮掩掩,生怕别人抢了你的功劳?你是不是老觉得人家背后说你坏话?你是不是经常用自己猜忌的心理去理解对方的行为与意图?这些都是平级沟通的大忌。如果你的答案是"是",那你就要注意改变自己的这种猜忌心理,凡事坦坦荡荡,才能赢得同级的认可。

二、要尊重,不要伪善

有的中层管理者老觉得自己就是鸡群里的仙鹤,能力高人一等;有的中层管理者觉得自己的部门是给公司赚钱的,其他部门都是给公司花钱的,好像公司少了谁都行,就不能少了自己。这样的中层和平级进行沟通的时候,总是飞扬跋扈,想方设法压制别人。

这类中层真的要收敛一下,否则必然会造成人际关系紧张,成为孤家寡人。同事之间,分工不同,级别相同,大家都是企业内部链条中的一部分,少了其他职能部门的支持,你也玩不转。所以平级之间要互相尊重,只有这样才能和你的平级同事和谐相处、形成合力。

当然我说的是真诚的尊重,而不是假意的伪善。有的中层就是老好人一个,即使看到平级的同事做法有些欠妥,也不敢明确表达自己的意思,要么是顾左右而言他，要么阳奉阴违说一些恭维的话。这样的中层也不会获得他人真正的支持和尊重。建议这类中层在与平级沟通时，坚持必须坚持的原则，捍卫必须捍卫的权力，相互尊重彼此的责任底线。

三、要主动，不要逃避

有的中层总是扫好自己门前雪，不管他人瓦上霜；有的中层之间是井水不犯河水。大家好像都很"职业"地按照岗位职责开展工作，对于工作的灰色地带，相互之间能推就推，谁也不愿主动往前迈一步。

就拿开会来说，有些企业一开会就发现，大家都对存在的问题打太极，互相推来推去。例如，生产部门指出生产原料缺货，并明确指出是采购部门出了问题，采购部门却解释说是开会前一天才得到采购通知的，另外财务部门也没有充分的支持。一个问题转好几个圈，最后也没得到解决。

如果有人能主动一点，那会怎样呢？

某企业更改产品规格，需要取消其中一个辅件，工程师也确定了这个方案的安全性，不过需要通过研发部门发布一个通知。按照正常的流程来讲，应该从工程师签单开始，然后走一个比较长的审批程序。研发部负责人发现，在这段时间内，这个产品一直在生产，所以他在这个审批流程持续进行的过程中，主动去与生产部门沟通，及时告知对方按照新的规格准确备料。

假如这个研发部负责人认为只要做好自己该做的就完事了，其他的与自己无关，而且也不是自己职权范围内的事情，就按照正常流程走，那么等到这个流程走到生产部门时,他们再去备料,可能就会给公司造成巨大的损失。

所以说,许多时候,部门负责人要主动为下游部门提供信息,互通有无,换位考虑其他部门的需求。有些虽然不是自己的问题,但如果能多迈出一步,主动沟通信息和提供协助,结果往往会实现双赢。

假如把每个岗位都放在企业内部的供应链上,那么处于下游位置的岗位就应该是上游的内部客户,上游部门有义务使下游部门满意。你只有让其他部门满意了,他们对你的工作评价也很高,你才算是尽到了责任,达成了工作目标,完成了工作计划。也就是说,让所有的内部客户满意,是你工作成果考核的标准之一。这就需要换位思考,多从下游客户的角度着想,看看对方需要什么。这样的主动沟通多了,不但可以得到对方更多的理解,也可以及时掌握很多信息,为双方的工作节省更多精力,提高效率。

第二节

平级沟通情景之如何寻求支持

随着公司的快速发展,员工数量也成倍增长。来自不同地域、不同企业的新人加入,对公司已有的企业文化形成了较大的冲击。为此,公司高层决定出一本月刊,以加强企业文化的宣传力度,拓宽企业文化的宣传渠道。公司高层将这个工作交给了培训部。

张部长接到这个工作后感觉压力很大。一方面自己没有相关经验,另一方面他觉得大家都很忙,尤其是管理人员,而按照高层的要求，每一期都要有几篇管理者的原创文章，这也是让张部长最头疼的事情。内刊刚刚起步，最关键的就是拓宽稿源，保证稿件质量，否则肯定很难办下去。每次张部长与其他部门负责人去约稿时，对方要么以工作忙为由拒绝，要么以"多年不动笔写东西，猛一下让写文章简直比生孩子还难"进行推脱，要么就会说没什么素材可写。总而言之，这件事情进展得相当不顺。眼看离创刊的日期越来越近了，总不能到时候开天窗吧，而且这才是第一期，以后的日子还长着呢。

如果你是张部长，你会怎么去寻求大家对这件事情的支持呢？

一、不要总把鸡毛当令箭

作为公司中高层管理者，每个人都有义务成为企业文化的传播者和践行者，都应该积极撰稿，配合培训部把内刊工作搞好。话是这么说，可是面对大家的借口、推脱，也不能都把这些人告到总经理那去吧？也不能一天到晚老拿总经理来压大家吧？比如，"按照计划这期稿子由你们部门提供一篇，到时要是交不了，挨训的不只是我们部门，你们也不好交代。内刊的事情可是近期总经理亲自抓的一项工作，大家都马虎不得。"如果你以这种威胁的口吻与人沟通，只能证明你的无能。所以在寻求同级配合的时候，切不可以发号施令的方式与人沟通，不能总把鸡毛当令箭。

二、不要总觉得别人欠你的

跨部门沟通面对阻力的时候，你要设身处地为对方着想，不要总觉得别人跟欠你钱似的，张嘴质疑，闭嘴抱怨。

在销售旺季，销售部王部长以工作太忙为由拒绝约稿时，你不能张嘴就说："你们部门怎么回事，稿子都催了不下三遍了，怎么这么不配合工作？咱们也不能光顾打仗的事情吧，内部建设也很重要，王部长你的思想境界得需要提升啊！你这样怎么给员工树立标杆啊？"试想你把这话抛出去后，王部长还会配合你的工作吗？

三、不要"人到用时方恨少"

在工作中，我们主张要公私分开，工作就是工作，不要夹杂过多的个人情感。不过人都是讲感情的，虽然大家是同事，但同事之间也不是除了工作就不允许有别的了。作为一名中层管理人员，闲暇之余要多与平级同事进行必要的感情投入和交流，增进了解，拉近彼此的距离。对于一些举手之劳的忙，如果能帮就要尽可能地多帮一把。不要有事才去和其他部门的负责人沟通，无事老死不相往来，别忘了"朋友多了路好走"！只有这样，在你的工作需要大家协调、配合的时候，尤其是工作比较棘手的时候，大家也才能更愿意、更主动地往前迈一步。否则，如果你平时总是一副拒人千里之外的模样，那就只能是"人到用时方恨少"了。

四、欲先取之，必先予之

同级之间要寻求支持，就要做到"欲先取之，必先予之"。为了很好地完成工作，必要的时候，你要学会为他人提供方便。

销售部王部长很忙，实在没时间静下心来写文章，但是曾经发生在他身上的一个案例特别适合放在本期内刊上，怎么办？如果我是张部长，我会这么说："王部长，你的那件事情对年轻的销售人员特别有激励作用，特别适合刊登在本期内刊上，这可是创刊号啊！我知道你很忙，再忙也得吃饭吧！我虽然大致了解那件事情，但具体细节还不太清楚。能否这样，今天中午咱们一起吃工作餐，我采访你一下，等我们部门的编辑按照采访录音整理完了，你再看看哪里需要修改，我想这样可能比较方便一些。"话都说到这个分上了，王部长还有什么理由拒绝呢？一方面不会耽误自己太多时间，另一方面又是把自己树立成正面典型，何乐而不为呢？

除了与人方便外，还要学会为对方提供必要的资源或价值。内刊是公司的宣传平台，这本身就是一个很大的资源，对张部长而言，就应该学会合理、有效运用这一资源。比如，对于那些配合度好的部门，就可以在宣传力度、版面安排上提供一些资源倾斜。再如，内刊是公司的喉舌，公司决策层的重要意图和信息往往需要通过内刊向公司内外传播。张部长在不违反原则的前提下，可以及时将信息与相关负责人分享，因为信息本身也是一种资源。当然，在信息分享方面一定要把握好尺度，切不可成了小道消息的疏散地，否则离下岗就不远了。

五、适当分些功劳给对方

有些工作虽然很花心思，但只要做好了就会得到大家的称赞和认同。内刊这项工作，想做好当然需要花很大的心思，不过工作效果也是特别容易被领导看到并认可的。对于张部长而言，就要在合适的时候，把同事的功劳和成绩告知领导。例如，在创刊会上，李总表扬了张部长"这次创刊工作时间紧、标准高，培训部在人员缺少的情况下，无论是设计还是文章质量方面，做得还是不错的。希望第二期能够超越第一期"。此时的张部长就要明确地提到那些在支持、配合方面突出的部门负责人，把功劳和对方一起分享。

第三节
平级沟通情景之如何化解冲突

从今年开始，公司推行了全面预算管理，各部门的预算执行情况都与部门负责人的考核挂钩，所以大家在费用支出方面都很谨慎。由两个部门共同参与的项目花费超出了预算，市场部的马经理为项目申请预算外的费用。考虑到这笔费用需要由两个部门来分担，马经理给对方发了一封邮件，并抄送给了双方部门的上级领导。对方部门的陈经理回复邮件，却说其中一些费用不应该由他们来承担，当然也抄送给了双方的上级领导。马经理觉得这些费用又不是他们一个部门花的，于是又写了一封邮件顶回去。两个人就这样你一封我一封地打起架来，每封都不忘了抄送给对方的领导，但双方的领导都不做反馈。马经理一看到邮箱中蹦出陈经理的邮件，心中就升起一团怒火，可是双方都憋着不妥协。

直到有一天，马经理实在受不了了，觉得这样对峙也解决不了问题，于是单独联系陈经理，邀请他在楼下的咖啡厅聊聊。见面以后，双方把自己心中的想法都摆出来，马经理才发现，陈经理部门的预算本来就很紧张，已经是从别的项目挤出来的，况且超出预算的费用也不多，如果马经理的部门能承担，他们会好交代得多。面对这样的难题，陈经理脸上露出了疲惫的神色，马经理也理解了对方，双方的矛盾就这样被化解了。

任何组织内部都会存在各种各样、或大或小的冲突，企业内部部门之间、同事之间的利益分配、立场倾向、竞争关系等往往成为引发冲突的诱因。尤其是部门之间的人事冲突，是让管理者最为头痛的事情之一，处理不当往往产生较大的破坏性，造成两败俱伤的结果。

实际上，化解冲突完全可以通过沟通来解决，根本没必要争得不共戴天、水火不容、鱼死网破。高效地处理冲突，化冲突为和谐，马经理的做法有些值得大家学习，有些则是需要引以为戒的。

一、化解冲突要及时

工作场所就像大马路，你来我往，难免会有些小刮小蹭，为了不引发更大的拥堵，还是应该快速协商解决，千万不要把矛盾、不满和误会升级。

马经理和陈经理由于预算问题搞得双方都不开心，在冲突还没有上升到由上级出面调和的时候，马经理主动找到陈经理共同探讨问题的解决之道，这是值得学习和鼓励的。有的中层管理者面对冲突和矛盾总是憋着火、较着劲，总希望这把火越烧越大。可是理智地想一想，这样的结果不也只能是引火烧身吗？

因此，在冲突还在萌芽状态的时候，就应该想方设法多找机会及时沟通、修复关系。双方说明彼此的想法，找出矛盾点，看是信息传递有误，还是理解偏差导致误会。有时可能就是一句话的事，及时说开了也就烟消云散了，毕竟同在一个屋檐下，低头不见抬头见。与同事和睦相处，唯有做到及时沟通，才能快速求得共识，而不至于导致矛盾累积、冲突升级。

二、面对面交流更有效

我们前面也谈到过，现在可供人们沟通、交流的方式非常多。不同的沟通方式，可以起到不同的作用。但有时过于依赖远程沟通手段，往往会因出现信息误读而产生误会，最终引发冲突。

因此，如果条件允许，首选的沟通方式还是面对面交流。在讲解沟通技巧时，我们说过，很多信息来自非语言的部分，比如表情、眼神、话外音等，单靠文字或电话很难捕捉到这些重要的信息。如果马经理和陈经理一开始就以面对面的方式沟通，而不是依靠邮件，可能就不会出现令人不快的结果，尤其是已经产生矛盾和误会的时候，就更应该当面说清楚。此处需要注意的是，最好由当事人自行解决，特别是不能让下属来回传话，这种不对等的交流往往让人感觉不受尊重，反而加深矛盾。

三、尽量不要把官司打到领导面前

面对矛盾和冲突，能在自己可控范围内解决的，就不要动不动就把官司打到领导那。没有几个领导会欣赏总在自己面前说同事不对的下属。"来说是非者，必是是非人"，久而久之，你的话在领导心目中就会失去分量。

马经理和陈经理大可不必将沟通、协调过程中你来我往的那些带有情绪的邮件都抄送给领导，能自己解决的就别给领导添乱。如果矛盾已经升级，双方无法调和，必须由上级领导做出裁决，按"下级服从上级"的组织原则，强制冲突双方执行上级的决定或命令的时候，虽然事态可能得到平息，但怨恨和成见的种子可能就此种下，时机成熟还会生根、发芽，这也是治标不治本的做法。

四、谨记"一个巴掌拍不响"

在同一企业内，平级同事之间既是合作关系，也是竞争关系。同事之间有不同的责任界限，在职位上又是平级的关系。在工作出现问题的时候，平级同事之间往往最容易推卸责任，急于把自己撇清楚，主观地认为自己没问题。任何一方的本位意识，都会诱发冲突和矛盾。俗话说得好："一个巴掌拍不响"，有了矛盾我们要先从自身找毛病，这才是化解冲突应有的姿态。

五、敢于承认错误

在化解冲突的过程中，如果你因不理智的言行冒犯了对方，或者由于自己的问题误会了对方，当你冷静下来认识到自己的不妥之处时，就要鼓起勇气放下面子，负荆请罪。认错并不是一件丢人的事，知错不改、胡搅蛮缠的人才会令人不齿。如果你的认错是真诚的，没有谁会得理不饶人。这样你不仅会打破僵局、化解矛盾，还会挽回尊严、得到尊敬、赢得认可。

一个优秀的企业，强调的是精诚团结、密切合作。要想达到此目的，中层管理者之间的沟通尤其重要。双方只有经常通气，及时沟通，才能进行合作，也才能将一些不必要的误会和摩擦消灭在萌芽状态。因此，工作再忙，也别忘了主动向同级提供有用的信息、资料和建议。只要你能够坚持下去，就一定会赢得同级的真诚回报。

"超级中层商学院"系列培训精彩观点分享

一直想在管理者和被管理者的日常工作过程中，找出任务未能有效执行与未能有效培养下属的原因及解决方法，但没有如愿。学习了"超级中层商学院之收放自如带队伍"的课程后，我茅塞顿开，既找到了问题的瓶颈所在，也找到了解决的方法，就是带队伍的辅导五步法：说明目标讲解规律——你说他听；示范——你做他看；练习——他做你看；总结——他说你听；反馈——你说他听。感谢中国软实力研究中心的老师们，这是对我们人才培养和提升管理效率上最给力的支持！

中国汽车影音导航业第一品牌——广东好帮手电子科技股份有限公司
总裁助理 陈展甘

一场别开生面的学习活动结束了，当学员们用 PPT、Video、照片等多种方式分享培训感悟和收获时，我感受到了他们的幸福。我也开始思考，未来如何创新工作流程和工作方法去提升工作效能？未来应该如何转变思维模式、改变工作思路，来适应我行跨越式发展的脚步？未来我如何把所学融入具体工作中，落实行里倡导的"幸福文化"？

环首都绿色经济圈银行——张家口市商业银行
信息培训部总经理 赵永强

"超级中层商学院"培训，我个人感受最深的是掌握了其中的高效工作方法。训前，我通常是听到上级的指示就开始着手落实，而过程中常会被领导批评而返工；训后，我调整了自己的工作方法，在得到上级指示后，会先挖掘领导需求，制订合理方案，与领导达成共识之后再落实，结果就是事半功倍！

亚洲最大工程机械销售商——内蒙古中城工程机械（集团）有限公司
运营总监 元明星

今年参加"超级中层商学院"系列课程，既有老师精彩的讲授，也有丰富的互动体验；既有高管的管理经验分享，也有不同系统管理人员的交流。通过参加此次培训，我主要有以下几点收获：

＊ 通过参与整个系列课程的设计和学习具体的课程，使我认识到管理是一个系统的工作。

＊ 在每一门具体的课程中，在了解理论原理的基础上，学到了一些具体的工作方法和技能，比如工作五步法、员工面谈七步骤等。

＊ 团队的价值高于个人价值。从开始组建小组，确定组名，提出我们的口号，到每次课程中积极为小组争取成绩，每一个成员都积极参与。现实工作中也是一样的道理。

＊ 学习的最高境界在于把学到的东西灵活地运用到自己的工作中，如果不用，知识和方法只可能永远停留在"我听过"、"我知道"的层面，不会对提高自己的管理能力起到任何帮助。

农业产业化国家重点龙头企业——浙江青莲食品股份有限公司
副总经理 晏波

参加中国软实力研究中心的系列培训，首先让我意识到作为管理者如何从"领头羊"向"牧羊人"转变，其次让我学会了调整心态、高效工作、有效沟通、跨部门协同的工具和方法，最后让我实现了从"工作中有想法"到"实践中有做法"的飞跃！

中国最大焊接钢管制造商、中国企业500强——天津友发钢管集团
财务副总监 李茂红

我们从开始的"倒数第一"到现在的"倒数第六"，我们赢在心态；

我们从云顶山到碛口，始终在塑造着这种亲近自然的"野"，我们赢在形象；

我们从新旧队员之间的更替到队内的令行禁止，我们赢在沟通；

我们从一拥而上转变为狼队长带领下的明确分工，我们赢在带队伍；

我们从提出车改方案到获得公司高层认可，我们赢在工作方法；

我们从车改方案的被认可到积极配合公司车改方案的制订，我们赢在协同；

我们从战略目标的制定到战略目标的达成，我们赢在规划，我们赢在落地！

国际顶尖特级冶金焦生产商——山西大土河焦化有限责任公司

野狼队学员

"超级中层商学院"结业汇报快板书

打竹板，竹板响，培训感悟我们讲。

时间短，知识广，梯队培训是梦想。

领悟深，实用强，管理提升助成长。

学心态，保健康，遇到挫折你莫慌。

塑形象，讲礼仪，待人接物要得体。

带队伍，有技巧，关键要把方法找。

工作法，五步棋，要用复盘来梳理。

学协同，抓管控，双赢思维是杆秤。

多沟通，勤协调，演讲锻炼最有效。

做规划，设目标，分清优劣定位好。

眼光远，目标准，最后落地站得稳。

毕业后，莫忘记，学以致用要彻底。

业务精，管理行，带领队伍有创新。

定计划，做总结，工作方法要科学。

大土河，恩情深，培养我们奔高层。

海豹队，不失信，实际行动来验证。

为公司，创效益，百年老店成佳绩。

向公司，表决心，奉献青春报母恩！

国际顶尖特级冶金焦生产商——山西大土河焦化有限责任公司

海豹队学员

这次学习收获很大，我要从现在开始，先把时间管理的工具方法应用起来，每天早上把当天要做的事情先列出来，按照主动性和应对性进行分类，然后按重要性和紧急性进行排序，制订每天的时间计划表，而且每天必须预留足够的时间来进行总结和自我评估。不积跬步无以至千里，我相信每一个微小的进步，都会成为成功的基石。

中国最大焦炭出口商——俊安（中国）投资有限公司

总经办主任 刘国政

通过为期一周的封闭式培训，学员对如何发现问题、如何诊断问题原因、如何提出改善建议有了全面系统的了解。尽管每天的学习任务很紧张，但是采用的案例分析、情景演练、小组讨论、问题抢答等方式，让学员能够身临其境地进行体验式学习，既学到了知识，又掌握了应用的工具与方法。

——蒙牛乳业（集团）股份有限公司

营运管理系统流程管理部部长 胡艳红

中国软实力研究中心的老师为我们组织的培训，不但让我们学到了如何带队伍、如何有效工作、如何调整心态等知识，更让我们耳目一新的是老师们组织培训的方法。以前我们都是用授课的方式组织员工培训，学员在培训过程中基本没有参与感，总是被动地接受老师讲授的知识，所以学习效果也大打折扣。今后，我们也可以采用团队组建与风采展示、影片欣赏与分享、小组研讨与分享、知识竞赛等方式丰富企业内训的手段，让我们的员工能更加主动地参与到培训中，提升培训的效果和员工的培训满意度！

——辽宁曙光汽车集团股份有限公司

培训部副部长 王蔚

此次"泰富后备人才特训营"在中国软实力研究中心的设计、组织下，紧扣企业对人才的需求，围绕组织指挥能力、沟通协调能力、团队激励能力和呈现表达能力等多维度进行培训设计和开发，将企业文化培训与专业知识培训、通用技能培训和泰富业务技能培训相结合，通过案例模拟、团队活动、辩论竞赛等方式综合考察学员的态度和能力。

对人才的投资是企业可持续发展的驱动力之一。管理是企业对员工严肃的爱，培训是企业给员工最大的福利。

——常州泰富百货集团有限责任公司

副总经理 范洪

这次"管理者修炼"的培训，让我意识到，当好管理者是一个长期修炼的过程，首先要意识到自己角色的转变，不应该再在场上充当明星，应该隐到场后做好教练；其次要善于发现下属的优势，充分发挥他们的才干；最后要会带队伍，熟练应用关心的力量、赞美的力量、尊重的力量和反馈的力量。

——百度公司品牌管理部

高级经理 付昆英

在中国软实力研究中心的顾问的支持下，本期"中粮食品营销有限公司的精英人才训练营"可以说是一炮打响，启动了公司后备人才梯队建设的系统工程。通过测评反馈让学员了解到其他同事的行为风格特征，有助于团队的沟通和融合；通过心态培训让学员们更加清晰如何在日常工作中践行中粮集团阳光诚信企业文化；通过沙盘经营模拟让学员们更系统和深刻地领悟到企业经营的奥妙。而且，通过参与本期培训的组织准备工作，也让人力资源部门的年轻同事得到一次极好的锻炼机会，从中国软实力研究中心的老师那里系统学习到企业内训的组织与管理。

——中粮食品营销有限公司

人力资源总监 钮欣玉

本次培训，通过以我公司内部案例为项目背景，全过程的沙盘演练，有效地训练了员工在工作中的系统性思维能力，特别是为整个公司各部门之间如何实现协同管理的联动效应，提供了解决方案！

国家特大型企业——中广核工程设计有限公司

副总经理 咸春宇

项目管理课程，让我和我的团队，学习了国际上先进的项目管理知识与体系、工具与技术，特别是训练了我们的项目化管理思维，为我们实现全公司项目组合管理价值链提供了新思路与方法！

——深圳联合利丰供应链管理有限公司

运营总监 韩婧

培训中学到的思维，为我在工作中解决需要为多部门多业务单元进行工作协同配合的难题提供了方法与思路，特别是多个项目管理工作模板的演练使用，更是增强了我的实践能力！

——富士康科技集团

项目管理部 戴西茶

M8 的系统培训，让我们开阔了视野，学习了先进的工具方法，凝聚了团队，提升了我们组织的整体战斗力！

——阿拉善龙信实业

副总经理 郭昌

致谢

"超级中层商学院"系列图书的开发与撰写,得到了中国软实力研究中心众多企业客户的鼎力支持。几年来,在为这些客户提供中层梯队培训的时候,我们不仅得到了众多中层管理者非常有价值的反馈,还得到了来自客户决策层、人力资源部门、培训管理者众多中肯的改善建议。

是客户的期望给了我们不断做好的动力,是客户的建议给了我们提升的方向,这里要对在"超级中层商学院"培训项目中,给予过我们巨大帮助的企业表示诚挚的感谢,他们包括但不限于:

中粮集团有限公司、张家口商业银行、广东好帮手电子股份有限公司、蒙牛乳业(集团)股份有限公司、曙光汽车集团股份有限公司、天津友发钢管集团股份有限公司、山西大土河焦化有限责任公司、内蒙古中城工程机械(集团)有限公司、大唐国际托克托发电有限责任公司、浙江青莲食品股份有限公司、阿拉善龙信实业发展有限责任公司、俊安(中国)投资有限公司、中国银行、江苏弘惠医药有限公司、常州泰富集团有限责任公司、百度公司、上海奉贤经济开发区管委会、新希望集团有限公司、联想集团有限公司、天津市国资委、重庆软件协会等。

在本书的写作过程中,中国软实力研究中心的部分研究员帮助各位作者进行了大量案例收集、文字编辑、研讨论证等工作,这里特别向这些战友们表示感谢,他们是:

张文娟、王刚、董礼娜、田静、陈玉、林静、冯燕、宋碧琼、赵婷婷、赵雅静、郭迎华等。

"超级中层商学院"丛书的出版,只是一个起点,我们深知这套方法还有需要继续完善和提升的地方,因此特别诚恳地希望读者朋友能够为我们提出各种意见和建议,让我们一起努力,为中国企业培养出更多的"超级中层",为中国企业的基业长青贡献绵薄之力。

"超级中层商学院"系列图书

"超级中层商学院"是一套经过十五年管理咨询积累、两年准备开发、三年深入实践的针对中层的咨询型培训项目。中国软实力研究中心的多位资深咨询顾问,在与数十家公司、上千名中层管理者的互动中,反复演习,高度提炼,将针对中层的培训分为八个方面。这八种能力训练,全面满足中层工作需要,而书中的情境式分解,基本上已经覆盖了中层管理者九成以上的管理状态,并直接给出方法和分析。

这套书不卖弄知识,希望给所有的中层提供"干货"和"绝活",让大家看得懂、学得会、用得上。而书中提供的所有工具方法也均通过数十家企业的实际使用,证明是高效的。我们能保证的是,这套书看完,至少所有的中层全套规定动作能做对70%,至于剩下的30%,还需靠团队指引和个人悟性。

如您在阅读过程中有任何意见和问题,请拨打项目咨询电话:010-67687044。

管理个人

《超级中层商学院之像中层,才能当好中层》　　　　　　　　作者:李天田　史宇红

适应中层多重角色的贴身指导

如果说公司运行是场大戏,中层管理者就是其中戏份最复杂的演员,要想扮演好每一个角色,不仅需要得体的着装,还要注意仪态、礼节、沟通技巧……只要遵循本书提到的"角色力修习三步法"(彩排—演出—复盘),就能化繁为简,轻松应对每个场合。

《超级中层商学院之好心态带来高能量》　　　　　　　　作者:林世华　李国刚

解决中层心态问题的妙计

身为中层,往往被上压下挤,良好的心态应对是能胜任本职工作的重要指标。本书紧扣中层管理者的工作特点,指出中层管理者的归属感、压力来源和应对、出路焦虑,并给出有效的解决方案。与市面上万金油式的励志书相比,更实用,更能解决具体问题。

管理工作

《超级中层商学院之做事有章法》　　　　　　　　作者:李国刚　史宇红

从"爱干"到"会干"的工具箱

本书从"工作五步法"、"工作角色"、"时间管理"三个维度帮助中层管理者掌握工作的标准步骤,认知自己的工作角色,管理好工作时间,从而使中层管理者在"爱干"、"能干"的基础上"会干",进而在工作中做到从容应对、事半功倍。

《超级中层商学院之沟通有结果》　　　　　　　　　　　　　作者：金丽　李天田

让沟通立竿见影的锦囊

本书从扫除沟通的障碍与误区入手，以生动鲜活的情境分析，剖析中层管理者在沟通中的成败得失，并列出了实现的行为菜单。书中的情境设计覆盖了绝大部分中层管理者的工作内容，深入专业的分析，能让你领悟沟通要义，成为能说会干的沟通高手。

管理团队

《超级中层商学院之收放自如带队伍》　　　　　　　　　作者：李天田　王琦　路文军

中层打造高效队伍的罗盘

本书以管理者罗盘为指引，从中层管理者应具备的三大内功，以及管理团队的五大技能两个角度，系统地展示了管理中层团队的各种思路与具体方法；大量的真实案例及精心设计的情境演练可以帮助中层管理者迅速提升管理技能，带领团队取得骄人业绩。

《超级中层商学院之跨部门协同无障碍》　　　　　　　作者：王琦　李国刚　郭雷华

扫除部门间职责灰色地带的实操指南

本书不仅阐释了如何破解五大协同困境，如何扫除制约跨部门协同的思维、制度流程等障碍，还介绍了有关服务、指导、管控、情感四类协同的原则、工具和案例，以及衡量内部组织协同效果的指标体系、评价方法，为促进企业跨部门协同提供了实操、有效的整体解决方案。

管理战略

《超级中层商学院之七步务实做规划》　　　　　　　作者：王胜男　林世华　王彬沣

从"做出规划"到"做好规划"的指引手册

本书详细讲解了做好规划的7个步骤，即理解公司战略、回顾战略执行、确立部门目标、做好环境分析、选择部门策略、制订工作计划、协调资源配置，从而帮助中层扫清规划制订过程中的障碍，做出符合部门实际、能够保障执行的规划，以指导部门行动，高效实现目标。

《超级中层商学院之落地才是硬道理》　　　　　　　　　　作者：刘恩才　王彬沣

部门规划从悬浮到落地的专门解决方案

部门工作计划的有效落地是企业规划落地的基础，也是公司领导考核中层的关键，但这往往也是中层管理者的短板。本书给出了保障部门规划落地的四大功能提升系统，帮助部门员工同一目标、提高士气，确保团队氛围和谐、信息传递及时，并辅以有效的检核方法，让硬道理成为软方法，为规划落地保驾护航。

更多好书，尽在掌握

大宗购买、咨询各地图书销售点等事宜，请拨打销售服务热线：010-82894445

媒体合作、电子出版、咨询作者培训等事宜，请拨打市场服务热线：010-82893505

推荐稿件、投稿，请拨打策划服务热线：010-82893507，82894830

欲了解新书信息，第一时间参与图书评论，请登录网站：www.sdgh.com.cn

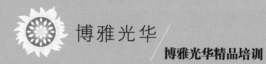